AF329021

GEORGE DURUY

PROFESSEUR D'HISTOIRE ET DE LITTÉRATURE
A L'ÉCOLE POLYTECHNIQUE

École et Patrie

L'HISTOIRE DE FRANCE A L'ÉCOLE PRIMAIRE
IL Y A VINGT ANS — L'HISTOIRE DE FRANCE
A L'ÉCOLE PRIMAIRE AUJOURD'HUI — LE
CONTRAT ENTRE L'INSTITUTEUR ET LE PAYS
— L'HUMANITÉ ET LA PATRIE — LE PACI-
FISME ET LA GUERRE — L'ANTIMILITARISME
ET L'ARMÉE

DEUXIÈME ÉDITION

PARIS
LIBRAIRIE HACHETTE ET Cⁱᵉ
79, BOULEVARD SAINT-GERMAIN, 79

1908

École et Patrie

GEORGE DURUY

PROFESSEUR D'HISTOIRE ET. DE LITTÉRATURE
A L'ÉCOLE POLYTECHNIQUE

École et Patrie

L'HISTOIRE DE FRANCE A L'ÉCOLE PRIMAIRE
IL Y A VINGT ANS — L'HISTOIRE DE FRANCE
A L'ÉCOLE PRIMAIRE AUJOURD'HUI — LE
CONTRAT ENTRE L'INSTITUTEUR ET LE PAYS
— L'HUMANITÉ ET LA PATRIE — LE PACI-
FISME ET LA GUERRE — L'ANTIMILITARISME
ET L'ARMÉE

DEUXIÈME ÉDITION

PARIS

LIBRAIRIE HACHETTE ET Cie

79, BOULEVARD SAINT-GERMAIN, 79

1908

ÉCOLE ET PATRIE

LETTRE A M. ÉMILE BOCQUILLON

INSTITUTEUR PUBLIC A PARIS

LAURÉAT DE L'ACADÉMIE FRANÇAISE

Paris, 15 mars 1907.

MONSIEUR,

Si cette seconde partie de *La Crise du Patriotisme à l'École* que vous nous donnez aujourd'hui sous le titre de : *Pour la Patrie* n'était qu'un recueil des commentaires aigres-doux — plutôt aigres que doux — qui accueillirent la publication de la première — et de vos répliques à ces attaques — j'aurais décliné l'honneur que vous m'avez fait en me demandant une préface. Rien ne me paraît, en effet, plus stérile et plus vain que les polémiques qui mettent aux prises les personnes : les idées seules méritent qu'on s'intéresse à leur conflit. Mais si ce second volume nous apporte un écho des vives escarmouches que provoquèrent les révélations contenues dans son devancier, on y trouve autre chose, et de plus d'importance, que le cliquetis un peu déplaisant des invectives alternées. Et cela suffit pour que j'accepte avec plaisir de le présenter au public.

Ce nouveau livre ne modifie pas l'opinion que nous avions pu précédemment concevoir des instincts quelque peu combatifs qui sont en vous et auxquels vous donnez volontiers carrière : je ne me sens pas une âme assez évangélique pour vous en faire grief. En le lisant, on devine que vous aimez la bataille et que la satisfaction de rendre avec usure les coups qu'on vous porte change en une sorte de plaisir pour vous le désagrément d'en recevoir. Mais quoi, presque toutes les âmes d'apôtre ne sont-elles pas belliqueuses? Elles passent aussi pour avoir une intrépide assurance et pour se montrer quelquefois un peu promptes à l'excommunication. Renan, évidemment — quelque aversion qu'eussent inspirée à ce sage les doctrines qui battent en brèche cette patrie dont il avait une idée si haute, — Renan les eût traitées avec plus d'indulgence que nous ne sommes, vous et moi, enclins à leur en accorder. A force de comprendre, on perd la faculté de s'indigner : or, ce puissant et subtil esprit comprenait tout.

Il nous eût donc expliqué peut-être qu'au temps de David, de Salomon ou des prophètes visionnaires, on rencontrait déjà des hommes auxquels la patrie — ou ce qui alors en tenait lieu — n'inspirait qu'une considération limitée, et qui plaçaient la leur on ne sait où, dans les nuages, comme on fait aujourd'hui quand on dissout la sienne dans l'humanité. Renan nous eût dit encore qu'il y a toujours eu des illuminés, qu'il y en aura toujours, et que nous devons donc supporter avec patience M. Gustave Hervé, puisqu'il est éternel ; que d'ailleurs rien ne prouve que le Démiurge ait eu tort de régler ainsi les choses, attendu que les blasphémateurs réchauffent la foi tiédissante des dévots, et qu'à souffler sur certaines flammes pour les éteindre, on les ranime. Et sa réprobation souriante, précisément parce qu'elle eût été celle d'un sage, se fût montrée sans doute un peu surprise de la véhémence de la vôtre — et de la mienne. Mais nous ne sommes pas des sages, encore moins des sceptiques d'un dilettantisme ironique et détaché. Nous sommes de vulgaires croyants qui souffrent de voir profaner l'objet de leur culte. Restons donc ce que nous sommes l'un et l'autre, et gardons-nous de retenir — par crainte de paraître insuffisamment raffinés — la protestation de notre conscience, dût cette protestation manquer un peu de nuances, ainsi qu'on le reprochera sans doute à la vôtre.

La critique sans bienveillance qui — vous n'en doutez pas, je pense? — passera au crible votre ouvrage, vous reprochera peut-être aussi de ne pas énoncer toujours, en regard des faits favorables à votre thèse, ceux qui s'y adapteraient moins aisément. J'aurais moi-même des réserves à formuler sur le pessimisme de vos conclusions qui — en dépit de quelques atténuations que vous y avez avec raison introduites — ne me paraissent pas tenir un compte suffisant de ce fait, heureusement établi par les précédentes grèves, — notamment les douloureuses, les tragiques grèves du Pas-de-Calais et du Nord [1] : à savoir, que l'armée demeure beaucoup plus réfractaire qu'on n'eût osé l'espérer à la détestable propagande qui cherche à la séduire.

Tout compte fait, il n'en reste pas moins acquis pour moi que votre livre fournit une nou-

1. Au printemps de 1906.

velle et utile contribution à la démonstration de l'existence du péril national signalé par vous il y a deux ans avec tant de vaillance.

*
* *

Un péril national!... Je sais avec quel sourire de dédain transcendant ces mots seront accueillis par certaines personnes. La consigne, en effet, parmi ceux que vos révélations ont troublés dans l'exercice du malfaisant apostolat auquel ils se livraient, est d'essayer de jeter le discrédit sur ces révélations en prétendant que vos patrio-tiques appréhensions sont billevesées pures — à moins qu'elles ne servent à dissimuler de ma-chiavéliques calculs, auxquels la politique ne serait pas étrangère. A les entendre, il n'y avait pas lieu de jeter le cri d'alarme dont le retentis-sement prolongé explique la violence des colères qui se sont aussitôt déchaînées contre vous et l'âpreté des rancunes qui depuis lors vous pour-suivent.

Le péril signalé par vous était-il donc imagi-naire ? S'il n'existait pas, vous avez été coupable en portant à la légère la plus grave des accusa-tions contre ce grand corps des éducateurs de la

jeunesse française, contre ces instituteurs à qui
les Gambetta, les Jules Ferry, les Paul Bert,
destinaient, après nos malheurs de 1870, un si
beau et si grand rôle dans l'œuvre du relèvement
de la patrie. Si ce péril au contraire existait et,
à plus forte raison, s'il existe encore, j'affirme
— et celui dont je porte le nom ne me démen-
tirait pas ! — que vous avez fait acte de bon citoyen en le divulguant.

J'ose espérer que vos collègues comprendront
que ce n'est pas un ennemi des instituteurs qui
parle ainsi. Un fils de Victor Duruy ne saurait
avoir pour eux de sentiments autres que ceux
dont le témoignage — peut-être ne l'ont-ils pas
tout à fait oublié — leur a été fourni jadis par
son père, en un temps où l'on avait quelque mérite à prendre en main leur cause et à la servir,
puisque le pays ignorait encore, ou peu s'en faut,
cette utilité sociale des instituteurs — dont on
nous a depuis lors avec un peu d'indiscrétion re-
battu les oreilles. Si je laisse à d'autres, qui s'en
acquitteront copieusement, le soin de les aduler
et, par leurs flatteries intéressées, d'entretenir
dans un certain nombre d'entre eux, une infatua-
tion dont il serait urgent qu'ils se guérissent,
ma sympathie — une sympathie toujours vive

encore qu'un peu inquiète — reste acquise à des hommes qui peuvent, qui doivent exercer sur notre démocratie un si bienfaisant préceptorat. Et Dieu sait si elle a besoin de précepteurs sages, cette crédule et violente démocratie dont l'éducation à peine ébauchée assure, hélas! de longs jours encore d'une prospérité sans nuages à la basse industrie des démagogues!

Cela dit, voici, Monsieur, la préface que vous m'avez demandée. J'ai tâché d'y répondre à la question posée plus haut : le péril signalé par vous est-il ou n'est-il pas imaginaire? C'est donc de ce péril que je me propose d'entretenir vos lecteurs, en m'aidant des documents tristement significatifs que vous avez recueillis dans vos deux ouvrages. Vos adversaires ont traité de *ramassis de calomnies* ceux de ces documents que vous avez présentés dans *la Crise du Patriotisme à l'École*. Ils traiteront probablement de même ceux que vous produisez aujourd'hui dans *Pour la Patrie*. Ils se sont dispensés — et pour cause! — de les contester sérieusement, à plus forte raison de les réfuter. C'est cette abondance et cette solidité des preuves rassemblées qui donnaient à la première de vos publications une force démonstrative qu'on retrouvera dans la seconde.

Aux injures que vous vaudra cette fois encore l'acte de courage que vous avez accompli en nous dévoilant la néfaste besogne qui s'opérait dans l'ombre, permettez-moi d'opposer, Monsieur, l'assurance de la même très haute estime, dont un ancien Président du Conseil, un ancien Ministre de l'Instruction publique, M. René Goblet, vous donnait il y a deux ans la preuve en acceptant d'écrire la préface de votre premier ouvrage. « *Ce livre*, y disait-il, *est moins une œuvre de polémique que de documentation. A ce point de vue, il est véritablement effrayant, et justifie pleinement son titre.* »

Dans une lettre qu'il vous adressait publiquement quelque temps après, ce bon citoyen ajoutait : « *En signalant ce mal avec courage, vous avez réveillé la conscience nationale et rendu ainsi un grand service à l'École et au pays.* » Voilà un témoignage infiniment précieux pour vous et à la valeur duquel je ne prétends rien ajouter en y souscrivant comme je le fais.

GEORGE DURUY,
Professeur d'Histoire et de Littérature
à l'École Polytechnique.

ÉCOLE ET PATRIE

I

L'HISTOIRE DE FRANCE A L'ÉCOLE PRIMAIRE
IL Y A VINGT ANS

« *Il faut*, a dit Michelet, *que la patrie soit sentie
dans l'école.* »

Conformément au précepte de l'illustre écri-
vain, les auteurs de livres destinés à nos écoles
primaires s'appliquaient, naguère encore, à for-
tifier dans le cœur des petits Français l'amour
de la patrie. J'ai composé moi-même autrefois
un de ces modestes ouvrages — et je n'en rougis
pas. Ces livres parlaient aux enfants de nos
gloires et de nos revers; ils citaient avec éloge
les noms des Français notables dont la vaillance,
au cours de notre longue existence de peuple,
s'est héroïquement dépensée sur les champs de
bataille; ils recueillaient pieusement, ils propo-

saient à l'admiration de ces jeunes esprits les
beaux actes de dévouement, de sacrifice, accom-
plis à l'ombre du drapeau.

La guerre est un des fils principaux de la
trame de notre histoire. Il y en a d'autres, assurément, qui constituent en s'entre-croisant avec
celui-là l'étoffe dont cette histoire est faite. Je
prie qu'on me fasse la grâce de croire que je les
connais et que je ne trouve pas mauvais, que je
trouve même excellent qu'on les montre. Si nous
réservions à la guerre une large place dans nos
petits livres, c'est qu'elle en occupe une très
large dans nos annales. C'est aussi parce que
les récits guerriers nous facilitaient la tâche de
glisser dans l'esprit des enfants la notion élé-
mentaire, le pressentiment, si je puis dire, de la
grandeur et de la noblesse du rôle joué par la
France dans le monde. Une partie de ce rôle, et
non la moindre, elle l'a jouée — qu'on veuille
bien ne pas l'oublier — l'épée à la main : « *la
France est un soldat* », a dit encore Michelet.
Bref, pour ces raisons et pour une autre encore :
à savoir, que les événements de 1870 nous
avaient laissé au cœur une souffrance inguéris-
sable et, en même temps, un espoir de répara-
tion aussi vivace que notre douleur, — pendant

une vingtaine d'années après l'Année Terrible, la
jeunesse française reçut dans nos écoles un enseignement qui n'était en somme que la para-
phrase des vers du poète :

Ceux qui, pieusement, sont morts pour la patrie
Ont droit qu'à leur cercueil la foule vienne et prie.
Entre les plus beaux noms leur nom est le plus beau,
Toute gloire, près d'eux, passe et tombe, éphémère;
    Et, comme ferait une mère,
La voix d'un peuple entier les berce en leur tombeau[1].

*
* *

Cette façon d'enseigner l'histoire n'est plus en
faveur. Il n'est sorte de mauvaise querelle qu'on
ne lui cherche. Elle développait, paraît-il, dans
les jeunes générations les pires instincts : goût
de la violence, respect de la force, fétichisme
royaliste ou napoléonien. Il est beaucoup plus
facile de la honnir ainsi que de prouver qu'elle
manquait de valeur éducative.

Je noterai tout d'abord qu'elle avait le mérite
d'intéresser les enfants. Donner dans une certaine mesure à l'étude l'attrait d'un divertisse-

1. Victor Hugo, Hymne (*Chants du Crépuscule*).

ment — alors surtout que l'étudiant est à l'âge où l'on aime la lanterne magique et Guignol — n'est pas faire œuvre de pédagogue mal avisé. Loin de moi la pensée que l'histoire sociale doive continuer à être l'objet de l'injuste dédain qu'on lui a si longtemps et si sottement témoigné! Des considérations sur la condition des ouvriers, des paysans avant la Révolution peuvent assurément être fort intéressantes, et je n'en médis point, bien au contraire, si c'est devant de grands garçons qu'on les développe. J'ai quelque peine à croire qu'elles puissent paraître à des élèves de nos écoles primaires aussi attrayantes que l'histoire du Grand Ferré, de Du Guesclin ou de Jeanne d'Arc, de Jean-Bart, du petit Bara, de La Tour d'Auvergne ou tout simplement du sergent Bobillot.

On me dira que la pédagogie, même enfantine, doit avoir des visées plus hautes que d'amuser. L'enseignement de l'histoire aux enfants, tel que nous le concevions autrefois, n'était nullement étranger à la préoccupation de former leurs cœurs. Des récits empruntés à notre histoire militaire — si riche et si belle — accompagnés de commentaires appropriés, nous paraissaient et me paraissent encore d'excellentes « leçons de choses » morales. Si la France estime que jamais plus elle n'aura besoin de trouver dans ses fils la volonté de se sacrifier pour elle, alors, soit! ne montrons plus aux jeunes comment leurs aînés « *entraient dans la carrière* » et ce qu'ils firent pour y laisser « *la trace de leurs vertus* ». Si elle juge au contraire que l'énergie, l'entrain, la gaîté dans l'épreuve, le courage, le mépris de la mort sont monnaie nationale qu'elle peut avoir un jour à dépenser encore pour se sauver, qu'elle ordonne aux éducateurs de sa jeunesse de ne pas dédaigner son histoire militaire, où cette monnaie s'entasse en trésor depuis des siècles! Ce n'est pas en célébrant les bienfaits de l'introduction de la pomme de terre ou de l'invention du métier à tisser — thèmes pacifistes au premier chef — ce n'est pas en proclamant Parmentier et Jacquart héros nationaux et bienfaiteurs plus authentiques de leur pays que Louis XIV et Napoléon, qu'on donne à des âmes la trempe qui aide à remplir certains devoirs malaisés, comme celui dont s'acquittèrent, non sans quelque profit pour la France, les compagnons d'armes de Villars à Denain, ceux de Dumouriez à Valmy.

Ce même enseignement, si étrangement dénoncé comme nourrissant de secrètes nostalgies d'empire ou de royauté, ne perdait pas de vue davantage le devoir de préparer au pays de bons citoyens. Ce que nous tâchions d'apprendre aux enfants, ce n'était point le regret du passé; ce n'était pas un patriotisme étroit, vantard et batailleur; c'était réellement l'amour de la France : et cet amour impliquait très clairement l'obéissance à ses volontés.

« Mais encore, de quelle France?» me demandera-t-on.

De la France totale. Car pour nous il n'y en avait qu'une. France monarchique, France révolutionnaire et républicaine, France impériale; l'image que nous présentions d'elle la montrait comme une personne morale très vénérable, toujours semblable à elle-même par certains traits essentiels et persistants, toujours digne d'être aimée, sous les cocardes diverses successivement adoptées par elle. Et je me demande si ce ne serait pas justement parce que nous refusions de sacrifier à une de ces cocardes les deux autres et de les renier, qu'on a découvert depuis peu que nous étions d'aussi pauvres pédagogues.

II

L'HISTOIRE DE FRANCE A L'ÉCOLE PRIMAIRE AUJOURD'HUI

Quoi qu'il en soit, sous prétexte que la glorification des vertus guerrières ne saurait figurer dans le programme de l'éducation donnée aux enfants d'une démocratie pacifique, et que l'amour de la paix, de l'humanité, doit être le premier objet de cette éducation, la tendance générale des auteurs de livres destinés à nos écoles primaires est maintenant d'expurger soigneusement leurs ouvrages de tout ce qui pourrait éveiller dans le cœur des petits Français les sentiments et les goûts que le pacifisme réprouve.

D'une lettre récemment écrite[1] par un instituteur, j'extrais un passage qui me paraît significatif :

« Un de mes collègues voyait dernièrement chez

1. A la date du 23 janvier 1907. Cette lettre figure parmi les intéressants documents que M. Émile Bocquillon a rassemblés dans son nouveau livre, *Pour la Patrie.*

moi un cahier dont la couverture représentait le siège de Ladysmith : deux canons — dorés, s'il vous plaît ! — trois soldats, pas même un blessé.

— Ne vous servez pas de tels cahiers, me conseilla-t-il charitablement ; ils sont interdits. On ne doit pas mettre sous les yeux des enfants des images de guerre, des dessins représentant des cruautés de ce genre.

Nous devons donc faire croire à nos élèves que dans la vie ils ne rencontreront que de braves et honnêtes gens, et que le dol, le crime, la guerre, sont l'invention d'académiciens nationalistes et de calotins? N'est-ce pas ridicule, tout autant qu'odieux? »

Le digne instituteur — je craindrais de le compromettre en publiant son nom! — qui a écrit ces lignes pleines de bon sens, a bien mis le doigt sur l'élément de niaiserie qui figure, à côté d'intentions louables, dans le pacifisme.

« Cachez, ordonne la sensiblerie pacifiste, cachez ces canons — même dorés — que je ne saurais voir! Cachez ces desservants du culte de la force, les soldats, dont la vue seule me fait horreur! »

Sottise! Le canon existe : il n'y a pas si long-temps que nous l'avons entendu rugir autour

des murailles éventrées de nos villes. Au lieu
d'escamoter la guerre, dressez devant nos enfants le bilan de ce que coûtent la défaite et l'invasion. C'est de l'histoire, cela! Enseignez que
tant qu'il y aura des peuples prêts à se jeter sur
d'autres peuples pour leur demander la bourse
ou la vie, il faudra des soldats pour s'opposer
aux entreprises des nations détrousseuses de
leurs voisines. Si vous en doutez, interrogez
l'Autriche et demandez-lui comment elle fut dé-
pouillée de la Silésie; interrogez le Danemark,
et demandez-lui comment on lui vola le
Schleswig-Holstein; interrogez la Pologne et
demandez-lui comment elle fut mise, vivante et
frémissante, au tombeau; interrogez la France,
qui, elle aussi, a quelque chose à dire et au lieu
de lui conseiller d'oublier, recommandez-lui de
se souvenir! C'est de l'histoire encore, tous ces
rapts; et parce que la vérité est ici baignée de
larmes et de sang, ce n'est pas une raison suffisante pour qu'on la cache.

La doctrine qui aujourd'hui régente impérieusement l'enseignement de l'histoire aux enfants
de nos écoles n'est pas de cet avis. Dans les
ouvrages qui s'inspirent de ses prescriptions,
guerres, victoires, triomphantes promenades de

nos soldats à travers le monde sont donc réduites
à la portion congrue.

Or, ce n'est pas seulement un puissant élément d'intérêt qu'on néglige maladroitement, en
refusant d'accorder autre chose qu'une brève et
dédaigneuse mention à ce qui parle avec tant de
force aux imaginations enfantines. Si c'est du
point de vue purement pédagogique qu'on le
juge, ce procédé paraît déjà difficile à défendre.
Mais, chose plus grave encore, on fausse le sens
de notre histoire en la dépouillant ainsi d'un de
ses principaux attributs. Le jeune Français est
condamné à ignorer ou tout au moins à ne con-
naître que d'une façon absolument insuffisante
un trait essentiel du caractère des rudes batail-
leurs que furent ses ancêtres — l'instinct héroïque, l'amour de la gloire — à moins qu'on ne
se résigne à lui dévoiler ce trait pour trouver
occasion de le flétrir et pour faire rougir cet enfant des œuvres accomplies par l'épée des
hommes de sa race, en lui inculquant le mépris
des gestes de la France dans le passé. La plus
fière des épopées, l'histoire de ce noble peuple
— coureur si longtemps incorrigible d'héroïques
aventures et qui doit précisément à ce goût une
bonne part de sa noblesse de peuple — est ainsi

présentée aux jeunes générations, héritières
d'un tel legs, avec l'accompagnement, devenu
obligatoire, du bêlement des litanies pacifistes.
Sancho Pança conte aux fils de Don Quichotte
la vie de leur père et tance le héros pour avoir
trop aimé les prouesses, l'idéal et les rêves!

* * *

De très sérieuses réserves, justifiées, il me
semble, par les considérations que je viens d'é-
noncer, peuvent donc être formulées sur la nouvelle façon de présenter l'histoire de France à
nos enfants. Avec des intentions sans doute excellentes — celle, par exemple, de montrer qu'il
y a autre chose, dans la vie d'un grand et vieux
peuple comme le nôtre, que ces jeux sanglants de
la guerre où la fougue de notre nation s'est trop
longtemps complue — cette méthode a le tort de
priver l'éducateur d'un moyen très efficace de
donner aux âmes des petits Français une certaine
trempe de vaillance allègre, de résolution et —
pourquoi donc hésiterais-je devant ce mot ? —
d'orgueil, que de grands peuples libres, les Anglais, les Américains, s'appliquent avec un soin
vigilant à créer dans celles de leurs enfants. An-

glais et Américains se proposent-ils donc de
dresser ces enfants à devenir des hommes ne
rêvant pour leur pays qu'aventures, guerres et
conquêtes? Nul n'oserait le prétendre. Ils veulent
de bons citoyens, pacifiques assurément, mais,
si les circonstances l'exigeaient, défenseurs ré-
solus de cette patrie à laquelle on leur a fait vouer
de bonne heure un culte dans lequel l'orgueil et
l'amour, étroitement confondus, forment ce patriotisme incapable de défaillance, prêt à tous les
dévouements, résistant comme le granit, qui est
la base inébranlable sur laquelle repose tout
l'édifice de la grandeur anglo-saxonne[1].

1. Voir dans *la France de demain*, n° du 5 juillet 1904, cité
par M. Émile Bocquillon, I, p. 450, les conclusions d'une
enquête faite par des professeurs anglais sur l'éducation
aux États-Unis. Le but de cette éducation est d'inculquer
le plus promptement possible des sentiments d'un nationa-
lisme intense à la population internationale amenée chaque
année aux États-Unis par l'émigration. Des chants patriotiques sont chantés dans les écoles. « *Le drapeau américain
est placé bien en vue, à l'intérieur de chaque école, et une loi
de l'État de New-York exige qu'il flotte, durant les heures de
classe, à l'extérieur de chaque école. Chaque matin, on adresse
un salut au drapeau et tous les enfants repètent devant lui une
formule de fidélité....* Le patriotisme fait partie de l'enseignement de l'école et le succès avec lequel il est enseigné est extraor-
dinaire....* » Cet enseignement « *est accompagné d'exemples
tirés de la vie des grands hommes du passé. C'est par ces
moyens et des commentaires sur le symbolisme du drapeau toujours présent qu'ils réussissent à faire de bons et loyaux
citoyens....* »

C'est déjà chose grave que les nouvelles méthodes dédaignent ainsi l'exemple non suspect fourni par les nations dont les institutions et les tendances se rapprochent le plus des nôtres et qu'elles condamnent chez nous l'école à se désintéresser d'une fonction aussi importante que l'est ce que j'appellerai l'*éducation de la fierté nationale*.

Je dis fierté nationale : mâle vertu des peuples qui ont foi en eux-mêmes, élément essentiel de leur vigueur morale ; je ne dis pas vanité nationale : travers haïssable, qui n'est que la contre-façon de cette vertu et dont je souhaite que la France — qui en fut un peu atteinte autrefois — soit à jamais guérie. Et je crains d'autant moins pour nous cette belle fierté qui rend forts, que notre pays paraît aujourd'hui en proie à je ne sais quel désir d'effacement, d'humilité, de renoncement, où je ne saurais voir qu'une forme de la défiance de soi-même, legs funeste de la défaite — de la défaite maudite qui pèse toujours sur nous. Cette défiance de soi-même s'appelle chez les individus timidité. Chez les peuples, je la nomme abdication. Quand on est la France, on n'a pas le droit d'abdiquer — ou bien on en meurt.

*
* *

J'ai malheureusement à faire des constatations plus pénibles encore.

Que l'histoire de France, telle qu'on l'enseigne à présent dans nos écoles primaires, tende plus ou moins ouvertement à remplacer l'amour de la patrie, sentiment clair, précis et viril, par le culte vague et décevant de l'humanité, voilà ce que *La Crise du Patriotisme à l'École* a clairement démontré — et voilà ce que continue à prouver avec force le nouveau livre de M. Émile Bocquillon.

Il y a deux ans, cet auteur nous citait le mot : « *il ne faut plus parler de patriotisme* », dit par un éditeur qui abritait sous cette mélancolique constatation le refus de publier un livre consacré à la mémoire du patriote Paul Bert, dénoncé comme « chauvin » par la congrégation de l'Index pacifiste, lors de la rédaction de ses listes de proscription[1]. Il nous montrait les auteurs

1. Un concours fut institué en 1902 par le journal socialiste *La Petite République* sur cette question: « *Connaissez-vous des livres scolaires qui vous semblent ne pas répondre aux exigences et aux aspirations de l'esprit moderne? En donner la liste, avec quelques citations caractéristiques.* » Le jury était

patriotes traités d' « empoisonneurs » et bannis
avec éclat de l'école ; des pièces de vers intitulées
Henri IV, 1870, Lorraine! non admises, en 1902,
dans un recueil de « *Chants populaires pour les
écoles* »[1] auquel ces poésies étaient pourtant destinées ; le récit avec image de la mort de Bayard
exclu d'une édition nouvelle et « refondue » d'un
cours d'Histoire de France : tout cela, sous le
beau prétexte, apparemment, de ne pas « *réveiller
la sanguinaire brutalité ancestrale, le goût du meur-
tre, l'idée qu'il y a une beauté, une vertu dans le fait
de recevoir et de donner des coups, dans le fait de
tuer ou d'être tué, en un mot, de ne pas refaire de
l'homme une brute* ». Car tel est, paraît-il, le ré-
sultat qu'obtenait « *l'histoire-bataille* », le « *pa-*

présidé par M. F. Buisson, ancien directeur de l'Enseignement primaire. Le mémoire classé premier fut celui de
M. Franchet, instituteur à Paris, intitulé : « *Démasquons les
empoisonneurs* ».

1. La raison invoquée afin de justifier la mesure d'exclu-
sion prise à l'égard de ces poésies compromettantes, est
qu'elles répondaient, au moment où elles avaient été com-
posées, à un sentiment, respectable sans doute, mais auquel
il ne convient plus de s'attacher aujourd'hui avec une stérile
obstination. C'est la thèse officielle du pacifisme sur
l'Alsace-Lorraine. Le pacifisme s'incline devant le fait
accompli en 1871 et estime que regrets, protestations, espérances, en ce qui concerne nos provinces perdues, sont
choses qui ont fait leur temps et auxquelles la France doit
renoncer.

triotisme militariste et monarchique[1] », enseignés jadis aux écoliers de France — heureusement libérés par les doctrines nouvelles de cette « *éducation d'Apaches*[2] ».

« *Pour la Patrie* » nous fournit aujourd'hui une preuve encore plus décisive des ravages faits dans certains esprits par ces doctrines.

On sait que trois instituteurs du département de l'Aisne, Poulette, Debordeaux et Leroy, furent en 1870 fusillés par les Prussiens pour avoir tenté d'organiser la résistance dans les environs de Soissons. Les raffinements de froide cruauté exercés sur ces martyrs ajoutent encore à l'horreur de cette abominable exécution[3]. On ne s'attendait pas à voir ces instituteurs désavoués, reniés par des concitoyens, par des collègues. Une revue d'enseignement primaire n'a pourtant

---

1. *Aurore* du 6 mars 1904, article intitulé : *Pédagogie nationaliste*, par M. Aulard.

2. Jugement de M. Franchet, instituteur, sur le livre du lieutenant-colonel Lavisse « *Tu seras soldat* », dans le mémoire signalé plus haut.

3. Je n'oublie point que nous avons fusillé en 1810 le partisan tyrolien Andreas Hofer — et bien d'autres en Espagne. Mais depuis 1810, le monde avait marché. Les actes de cruauté commis par les Allemands en France pendant la guerre de 1870 sont donc, en raison du progrès de l'idée d'humanité, plus coupables que ceux que nous avions commis nous-mêmes soixante ans auparavant.

pas hésité à commettre cette inqualifiable vilenie
de dire que ces braves avaient « *manqué aux règles les plus élémentaires du droit des gens*[1] » : ce
qui équivaut à déclarer qu'ils ont été justement
exécutés.

Que des Français osent approuver la doctrine
barbare au nom de laquelle furent mis à mort
par les Allemands des hommes coupables d'avoir,
sans appartenir à l'armée régulière, défendu les
armes à la main leur pays contre l'envahisseur :
il y a dans ce fait lamentable et honteux quelque
chose qui confond l'entendement.

Quelle est donc cette étrange, cette criminelle
aberration, qui pousse les renégats de l'idée de
patrie à flétrir l'accomplissement du premier, du
plus impérieux des devoirs du citoyen ? Ces trois
instituteurs de l'Aisne, ce ne sont pas des gen-
tilshommes du temps de « *la guerre en dentelles* »
tombant au cri de Vive le Roi ! Ce ne sont point
des « *grognards* » de Napoléon rassemblant leurs
dernières forces pour jeter un suprême Vive
l'Empereur ! à la face de l'ennemi. Aucun élément d'intérêt personnel ou de superstition monarchique ne se mêle à la pureté du sacrifice

---

1 *Revue de l'Enseignement primaire*, n° du 2 juillet 1905.

auquel ils se sont offerts. L'appât du grade ou de la décoration n'existait pas pour eux. Nulle image de roi ou d'empereur, distributeur de récompenses, ne s'est interposée entre l'image douloureuse de la France et eux au moment où elle leur est apparue et où ils ont décidé de lui donner obscurément leur vie. C'est pour elle seule, c'est pour la collectivité nationale dont ils faisaient partie, c'est pour notre bien commun à tous, pour la chose publique, que ces enfants du peuple sont morts. Hommes de paix et d'étude, et non pas professionnels de la guerre; étrangers aux instincts que développent dans le cœur du soldat le port des armes, la longue accoutumance à l'idée de s'en servir, la vue quotidienne du drapeau, le dressage à l'acte de combattre et à l'acte de mourir, — ces humbles héros ont pris un fusil simplement parce qu'un impérieux sentiment de solidarité nationale leur ordonnait de le prendre. Jamais occasion meilleure fut-elle offerte à des antipatriotes d'excuser un acte de dévouement à la patrie?

Et pourtant la *Revue de l'Enseignement primaire* blâme Poulette, Debordeaux et Leroy. Elle leur refuse même l'aumône de cette « *vague pitié réservée aux escarpes tombés dans l'exercice de leurs fonc-*

tions[1] » que M. Gustave Hervé n'interdit pas d'accorder aux soldats tombés sur le champ de bataille. Elle déclare attentatoire au droit des gens la généreuse impulsion qui les a fait courir droit à l'ennemi, sans pantalon rouge ni capote bleue, dans ce même costume de travail qu'ils portaient l'instant d'avant, alors peut-être qu'ils essayaient de faire comprendre aux enfants de leur école quelle patrie très digne d'être aimée est cette France au secours de laquelle, soldats improvisés, ils volaient maintenant une arme à la main. Par une étrange inconséquence, que peut seule expliquer la fureur qui les anime contre la patrie, des antimilitaristes subordonnent au port de l'uniforme détesté le droit de défendre le sol natal; des pacifistes qui, comme l'auteur de cet article, font profession de haïr et de flétrir en toute occasion la guerre, osent déclarer légitime l'application à ces trois martyrs des règles les plus cruelles du vieux droit de la guerre. Une revue fondée « *par les instituteurs français*[2] », lue par trente mille d'entre eux, accueille ce blas-

---

1. Extrait du *Pioupiou de l'Yonne*, reproduit par le *Temps* du 25 octobre 1901.
2. Ces mots figurent sur la couverture même de la *Revue de l'Enseignement primaire*.

phème. Et loin d'en rougir, trois mois après
avoir renié les instituteurs de l'Aisne fusillés par
les Prussiens, cette revue exprime le vœu « *qu'on
proscrive de l'école la religion de la patrie*[1] ».

Je viens de montrer un instituteur lançant
contre les auteurs patriotes ce cri de guerre :
« *Démasquons les empoisonneurs !* » Je fais le public juge : qu'il décide où sont en réalité les
« empoisonneurs ».

1. Numéro du 8 octobre 1905.

III

LE CONTRAT ENTRE L'INSTITUTEUR ET LE PAYS

Un péril national existe donc. L'idée de patrie est en France ouvertement battue en brèche ou sourdement minée. Cette besogne s'accomplit dans des conditions qui la rendent particulièrement redoutable et malfaisante : méthodiquement, sans bruit, devant une innombrable quantité de petits Français que l'ignorance, la crédulité du jeune âge, l'impossibilité où ils sont d'exercer — l'envie leur en vînt-elle — un contrôle sur les affirmations de leurs maîtres, que tout, en un mot, livre sans défense aux haineuses suggestions de la propagande antipatriotique. Or, attaquer l'idée de patrie, c'est travailler à détruire la solide armature sans laquelle le corps des nations manque de force pour résister aux heurts et s'affaisse misérablement au premier choc.

Les amis de l'école — j'en suis héréditairement, — ont le devoir de lui dire qu'elle est sur une pente dangereuse.

Je crois qu'il serait excessif de prétendre que
— considérée dans son ensemble — elle répudie
absolument l'idée de patrie. Mais un beaucoup
trop grand nombre de ses maîtres, même parmi
ceux qui ne rejettent pas encore violemment
cette idée, déjà marchandent et chicanent avec
elle. Au congrès des « Amicales », tenu à Lille
en août 1905, les instituteurs n'ont consenti à
admettre comme un devoir l'obligation de défendre le pays que « *le jour où il serait l'objet d'une
agression brutale* ». Comme on l'a dit avec raison, « *leur patriotisme est donc un patriotisme mi-
nimum, leurs devoirs envers le pays n'ont à leurs
yeux qu'un caractère conditionnel et limité à un seul
cas dont ils seront juges.... Si l'agression est insi-
dieuse, si l'assaillant y met des formes... le patriotisme des Amicales ne vibrera pas* » [1]. Aveugle qui
ne voit que la force immense de l'école — de
l'école abusée, égarée par de pernicieux sophismes — semble prête à se dresser contre la
patrie. A aucun prix, il ne faut que cette chose
impie soit.

L'instituteur est un homme à qui le pays
confie ses enfants pour que la discipline exercée

1. *Journal des Débats*, 2 septembre 1905.

sur eux par le moyen tout puissant de l'éducation commence à faire de ces enfants des citoyens. Qui dit citoyen dit défenseur éventuel de
la cité élargie, la patrie. Est-il admissible que
l'instituteur travaille à remplir le cœur de ces
futurs citoyens de sentiments non de dévouement, mais de mépris et de haine pour leur patrie? Résolument je réponds non.

Entre l'instituteur et le pays, il existe donc un
contrat. Ce contrat est violé par le premier si de
ce droit d'enseigner au nom de la communauté,
qu'un privilège spécial lui confère, il use pour
enseigner des doctrines qui — de quelque hypocrite atténuation qu'on les édulcore — n'en sont
pas moins la négation de la patrie. Cette patrie
l'emploie et le salarie pour être servie par lui,
non pas pour être desservie, reniée, outragée.
Libre à l'instituteur d'être pacifiste, antimilitariste, antipatriote — mais non pas à l'école!
S'il veut l'être, qu'il la quitte. Le journal, la réu-
nion publique, la propagande sous toutes les
formes lui restent. Intolérable — et je dirai
même malhonnête — serait la prétention d'exercer cette propagande en qualité de fonctionnaire
public, et de démolir méthodiquement chaque
jour la patrie, avec la régularité d'un employé

ponctuel, en attendant que sonne l'heure de la retraite, dont l'État, gérant des intérêts de la communauté qu'on répudie, devra servir la pension au renégat, à l'insulteur, à l'ennemi de cette communauté.

J'ai confiance que nos instituteurs reconnaîtront la justesse — qui ne me paraît pas contestable — de ces très simples observations. Certains symptômes semblent bien indiquer que la raison commence enfin à reprendre sur eux ses droits. Après les éclatants désaveux qu'elle a subis[1] — désaveux auxquels la publication de *La*

1. Notamment de la part de MM. Georges Clemenceau, Aristide Briand, Millerand, Paul Doumer, Paul Deschanel, Charles Dupuy, Joseph Reinach, Viviani, Georges Leygues, Etienne, Thomson, Pierre Baudin, Rouvier, Raymond Poincaré, Dubief, Maujan, pour ne parler que des hommes politiques. — Le Conseil municipal de Paris, composé en majorité de radicaux-socialistes ou de socialistes, a refusé par 72 voix contre 6 de voter l'achat, pour les écoles publiques de la Ville, de l'*Histoire de France et d'Europe* de M. Gustave Hervé, dont les doctrines ont été à cette occasion vigoureusement flétries par des orateurs, socialistes mais patriotes, comme le sont en immense majorité les socialistes allemands et italiens (*Temps* du 29 juin 1905). M. Jaurès lui-même, sans consentir encore à désavouer M. Hervé, a dans son discours de Lyon (9 février 1907) osé « *faire quelques déclarations presque patriotiques* » (*Temps*, du 12 février 1907). M. Albert Sarraut, sous-secrétaire d'État au ministère de l'Intérieur, et M. Joseph Reinach, député des Basses-Alpes, viennent dans deux éloquents discours (21 avril 1907) d'affirmer énergiquement l'idée de patrie. M. Raymond Poincaré,

Crise du Patriotisme à l'École n'a certainement pas été étrangère — la propagande antipatriotique a déjà quelque peu baissé le ton. La malade — l'école — paraît être sortie de la période aiguë de la crise. Mais nous n'en sommes pas à la convalescence déclarée, encore moins à la guérison.

Le nouvel ouvrage de M. Émile Bocquillon nous donne le texte d'une consultation rédigée par un instituteur à l'usage de ses collègues sur la façon de continuer sans péril les hostilités contre la patrie. C'est fort simple. Puisque à l'attaquer ouvertement, on risque d'encourir certains désagréments — le beau jour où toute l'administration de l'Instruction publique fera profession d'internationalisme n'étant pas encore arrivé! — comme il faut songer à la soupe avant de songer aux principes, on n'insultera donc plus l'idole — on l'ignorera.

— *Monsieur, qu'est-ce que c'est que la patrie?* demandera l'enfant.

— *Connais pas*, répondra le maître.

sénateur de la Meuse, ancien ministre, a fait de même dans son discours de Neuilly (28 avril) : « *Nous tenons pour le drapeau tricolore contre le drapeau rouge, pour la Marseillaise, contre l'Internationale, pour la France, enfin, contre tous ceux qui la trahissent, la renient ou la désertent.* »

L'inspecteur primaire n'aura rien à dire. On gardera son traitement. Et le but n'en sera pas moins atteint. Tartufe n'eût pas trouvé mieux.

Si l'apôtre qui a rédigé ce document d'une si héroïque inspiration est — comme il y a tout lieu de le craindre — l'interprète de la pensée d'un bon nombre d'instituteurs[1], il en faudrait conclure que la haine contre la patrie ne désarme pas, qu'elle met seulement un masque et se déguise. L'école voudrait donc bien consentir à rester neutre envers la patrie, au lieu de se mobiliser contre elle. Nous la remercions de cette condescendance, mais nous avons le regret d'être obligés de déclarer qu'elle ne nous suffit pas. Ce n'est pas remplir son devoir que de s'abstenir seulement d'entrer en insurrection ouverte et flagrante contre lui. Ce devoir de l'instituteur est très clair. Que l'instituteur se dégage résolument des sophismes qui ont pu en obscurcir à

1. Extrait de la lettre d'un instituteur, datée du 23 janvier 1907 et publiée par M. Bocquillon dans *Pour la Patrie*: " ... *Quant à la crise, dans notre région elle sévit toujours au même degré, seulement on est un peu plus hypocrite. La* Revue [de l'Enseignement primaire] *est le journal le plus lu et si l'on ose moins se déclarer antipatriote depuis l'alerte de l'an dernier, on ne veut pas se dire patriote. On ignore la patrie, on est apatriote !* »

ses yeux la notion — particulièrement du
sophisme humanitaire, le plus dangereux de
tous ceux que les adversaires de l'idée de patrie ont mis en jeu pour gagner l'école à leurs
doctrines.

IV

L'HUMANITÉ ET LA PATRIE

De même que la cité s'est élargie en patrie, disent les annonciateurs de l'évangile internationaliste, de même la patrie élargie doit se fondre à son tour dans l'humanité. C'est l'ordre même des choses qui l'exige; et ce qu'il exige est inéluctable.

Je ne suis pas aussi versé que les docteurs en théologie socialiste dans la connaissance de l'ordre des choses. Mais il me semble qu'avant de songer à diluer la patrie dans l'humanité, il serait bon de s'assurer que l'humanité existe d'une existence autre que celle d'une entité purement verbale, à laquelle les amplifications des orateurs et des poètes ont seules pu donner la menteuse apparence d'une réalité concrète.

Or, cette humanité réelle, où pourraient à la rigueur s'absorber les patries, comme les fleuves se perdent dans le vaste océan, —

cette humanité « *n'existe pas encore* »[1]. C'est un des plus puissants, un des plus libres esprits de ce temps, un des directeurs de notre conscience nationale, qui l'affirme. Elle est, comme disent les philosophes, « dans le devenir ». Puisqu'elle n'existe pas encore, si ce n'est à l'état inconsistant et amorphe, comme ces grandes masses fluides de matière cosmique qui errent dans l'espace, contentons-nous donc de l'aider à être, en la créant un peu chaque jour : la tâche est assez belle et assez vaste !

Créons-la d'abord en nous-mêmes, par l'indulgence mutuelle, la tolérance, la fraternité agissante : chaque victoire de l'amour sur la haine est une réalisation partielle d'humanité. Obtenons des peuples qu'ils opèrent, eux aussi, la réforme de leurs mauvais instincts ; et quand nous serons parvenus à nous guérir de la haine, exhortons-les à s'en guérir aussi, car ils en sont malades comme nous le sommes nous-mêmes. Dissipons les vieilles préventions que nourrissent les unes à l'égard des autres les nations ; traitons avec un esprit obstiné de conciliation les malentendus qui les divisent ; étendons les pré-

---

1. Ernest Lavisse, Discours à des enfants, 15 août 1905.

rogatives du tribunal d'arbitrage de La Haye —
cet humble commencement d'une chose qui sera
très grande — soit ! Mais quant à ma patrie, —
ma patrie qui est, ma patrie qui n'a pas terminé
sa tâche dans le monde, ma patrie qui a des ser-
vices encore à rendre à l'humanité future —
qu'on ne me parle pas de la dissoudre dans cette
nébuleuse qu'est présentement et pour des siècles l'humanité !

Quand auront cessé de se haïr Tchèques et
Allemands, Bulgares et Grecs, Macédoniens et
Turcs, Tatars et Arméniens ; — quand les Chrétiens auront cessé de mépriser les Juifs et les
Musulmans de mépriser les Chrétiens ; — quand
il n'y aura plus de guerres de races comme celle
qui demain peut-être va mettre aux prises les
Blancs d'Amérique et les Jaunes du Japon et de
la Chine ; — quand un Président de République
aux États-Unis pourra, sans être honni, donner
publiquement la main à un nègre ; — quand auront disparu ces Pélions de préjugés, surmontés
de ces Ossas de rancunes, qui aujourd'hui se
dressent entre les peuples, entre les races, entre
les religions ; — alors, les temps étant accom-
plis, la nébuleuse condensée en astre, l'heure
sera venue peut-être de déclarer insuffisante la

vieille et chère maison construite pierre à pierre,
dans l'allégresse ou dans la douleur, par le per-
sévérant effort des générations qui nous l'ont léguée ; alors, alors seulement, pourra s'opérer le
transport dans le vaste temple de l'humanité
assagie, réconciliée, consciente, des pénates sacrés de la France évanouie.

V

LE PACIFISME ET LA GUERRE

Il ne serait pas indigne d'esprits sérieux et
libres de comprendre que la superstition de ce
qui sera peut-être un jour, mais dans un avenir
infiniment éloigné, est chose aussi déraisonnable
que la superstition contraire — la superstition
de ce qui fut dans le passé, mais qui n'est plus
et ne peut plus être. Sacrifier aujourd'hui la
patrie à l'humanité est une folie aussi nettement
caractérisée à mes yeux que le serait la folie de
songer à restaurer le droit divin. Quand nos instituteurs auront reconnu la vanité du dogme
humanitaire et fait ainsi un premier effort pour
se dégager des sophismes dans le filet desquels
beaucoup d'entre eux se sont laissé prendre,
qu'ils soumettent à la critique de leur bon sens
enfin réveillé d'autres idées encore, chères à la
doctrine qui les avait séduits; et ils s'aperce-
vront que ces idées ne méritaient pas l'adhésion
qu'ils ont eu la faiblesse de leur accorder.

Le thème favori de la prédication pacifiste est

la guerre. Comme le lieu commun de l'atrocité de la guerre ne saurait, en un temps de service militaire universel et obligatoire, être indifférent à personne, et comme d'innombrables faits peuvent servir à illustrer, à renouveler ce lieu commun, à entretenir sa force probante — la guerre russo-japonaise vient d'en fournir toute une moisson nouvelle — il en résulte que cette prédication pacifiste dispose d'un moyen de propagande excellent, et c'est précisément ce qui explique son succès.

Loin de moi la pensée de prétendre que les pacifistes aient tort de proclamer sur tous les tons que la guerre est haïssable ! Je l'ai vue en 1870. J'étais à l'âge oublieux où les impressions glissent et s'effacent. Ce que j'ai vu alors était si terrible que l'image affreuse est restée dans mes yeux et n'en sortira jamais plus.

Mais à dire que la guerre est horrible, on n'a pas tout dit sur elle. On n'a pas dit, d'abord, qu'elle est un fait. Or, il est bon de n'avoir à l'égard des faits ni amour ni haine : à ce prix seulement on peut fixer sur eux le regard lucide qui permet de les comprendre et de les interpréter. On n'a pas dit que la guerre sort des entrailles mêmes de cette humanité qu'elle décime ; qu'elle a donc des chances de durer à peu près aussi longtemps qu'il y aura des hommes sur la terre ; qu'arriver à rendre de plus en plus rares les manifestations d'un fléau tel que celui-là, est une ambition légitime, raisonnable et suffisante, mais que croire à la possibilité de les supprimer tout à fait est une chimère ; qu'en un mot, il faut s'arranger de façon à vivre avec la guerre, comme avec le choléra ou la peste, en se préservant d'elle le mieux possible.

Le pacifisme a donc ce premier tort de ne proclamer qu'une partie de la vérité sur la guerre. Une nation libre, comme la nôtre, a droit à la vérité totale. En la lui marchandant, on la trompe. Mieux vaudrait pleurnicher un peu moins sur les horreurs de la guerre et dire virilement au pays ce qu'elle est en réalité. Le peuple saurait alors ce qu'il doit penser d'elle, quelles mesures il doit prendre pour le jour où le monstre viendrait à se dresser devant lui. Et la voix qu'il écouterait serait celle qui récemment encore nous jetait cet avertissement : « *Que la République soit forte par les armes*[1] ! »

1. Ernest Lavisse. Discours à des enfants, 15 août 1905.

*
* *

Le pacifisme a d'autres torts plus graves encore. A répéter sans cesse à un peuple que la guerre est le plus grand des maux, on l'habitue à n'en plus pouvoir même supporter l'idée, on le rend lâche. Travailler à faire du nôtre un de ces peuples « *du type flasque* » dont parle avec mépris le Président Roosevelt : telle paraît être la fonction propre de cette doctrine. Elle ment, d'ailleurs, lorsqu'elle affirme qu'il n'y a pas de maux pires que la guerre. Il y en a. Mieux vaut cent fois la guerre que la perte de la dignité, de l'indépendance. Tout peuple qui n'est pas pénétré de cette idée-là et qui veut la paix à tout prix, fût-ce au prix de son honneur, est un peuple condamné. Il a perdu le droit à la vie. Peu importe qu'il meure. Or, je suis de ceux qui trouvent d'une intolérable amertume l'idée seule que la France pourrait disparaître avant d'avoir rempli tout son destin.

Au lieu d'enseigner à nos enfants avec tant de sollicitude la peur plus encore que l'horreur de la guerre, — ce qui n'est pas du tout la même chose, qu'on ose donc leur dire que la guerre, si

horrible qu'elle soit, n'est pas uniquement malfaisante ! Si dans l'ordre matériel elle détruit, dans
l'ordre moral souvent elle restaure. Les mâles
vertus qu'un peuple adonné à la satisfaction de
grossiers appétits oubliait, — et qui sont la condition même de son existence, — la guerre les
ranime, leur rend le lustre qu'elles avaient perdu.
Elle meurtrit ce peuple, mais elle le régénère.

Qu'on montre aussi l'étroite relation qui existe
entre la gloire des armes et la prospérité des
nations. Grandeur et prospérité d'Athènes succédant aux triomphes de Salamine et de Platées ;
grandeur et prospérité des Provinces-Unies
récompensant au xviie siècle l'effort victorieux
de l'héroïque petit peuple hollandais contre
l'Espagne ; grandeur et prospérité de l'Allemagne succédant à ses victoires de 1866 et de
1870 ; grandeur du Japon succédant à deux
guerres triomphantes contre la Chine et contre
la Russie : en tout temps, en tout lieu, la victoire
est féconde. Et c'est, je pense, cette vérité historique que veut clairement établir le grand
citoyen dont les États-Unis peuvent à bon droit
s'enorgueillir, lorsqu'il tient à la démocratie
américaine ce viril langage qui sans doute scan-
daliserait nos professeurs de veulerie nationale :

« *Les hommes qui ont le mieux mérité du pays sont ceux qui ont osé beaucoup à la guerre.... Aucun triomphe pacifique n'atteint à la hauteur des grands triomphes de la guerre.... Lorsque la paix et l'équité sont en conflit, un peuple grand et honnête ne peut pas un instant hésiter à suivre le chemin qui va du côté de l'équité, alors même que ce chemin mène aussi à la guerre.... Être défait dans une guerre vaut quelquefois mieux que de ne pas s'être battu du tout.... La nation qui s'organise une existence aisée et prend la guerre en horreur, pourrit sur place. Elle est destinée à s'abaisser, à devenir l'esclave d'autres nations qui n'ont pas perdu les qualités viriles.... J'en suis toujours à l'opinion que j'ai exprimée : que la peur de la guerre était un plus grand mal que la guerre elle-même. Pacifique, il faut l'être, mais pas pacifiste : pas la paix à tout prix*[1] !... »

Je livre aux méditations des éducateurs de notre jeunesse ces fortes pensées. Puissent-elles leur servir d'antidote contre le poison des doc-

---

1. *Les idées du Président Roosevelt*, par Mme Arvène Barine. *Débats* du 6 août 1902. — Message du Président Roosevelt, du 5 décembre 1905. — Déclaration du même sur la deuxième conférence de La Haye, *Temps* du 6 décembre 1906. — *La Vie intense*, par M. Roosevelt. — Discours prononcé à Norfolk (Virginie), le 26 avril 1907.

trines conseillères d'abdication nationale et de
couardise, qui voudraient faire de l'école, en
France, la pourvoyeuse de la défaite. Le pacifisme, c'est pour les peuples « la maladie du
sommeil ». Ils en meurent, eux aussi.

VI

L'ANTIMILITARISME ET L'ARMÉE

« *Que la République soit forte par les armes !...*
Tel n'est pas, on le sait, l'avis d'un certain nombre de Français en qui s'est déclarée l'étrange
manie de l'antimilitarisme, forme aiguë et déli-
rante du mal dont le pacifisme est le premier
symptôme.

Je cherche à comprendre l'état mental de
l'antimilitariste. Cet homme est d'ordinaire républicain et démocrate, socialiste presque toujours. Il fait profession d'aimer les idées auxquelles ces deux mots, république et démocratie, servent d'enseigne : fraternité, justice,
égalité, liberté, affranchissement des con-
sciences, etc.

Dans l'Europe encore monarchique deux seuls
États, France et Suisse, ont adopté la forme
républicaine. De ces deux États insolites, l'un
est protégé contre les surprises fâcheuses, contre les fantaisies imprévues qui pourraient naître
dans telle ou telle cervelle impériale ou royale,

par sa neutralité. Si sérieuse que soit cette garantie, le vaillant et sage petit peuple qui en bénéficie ne s'endort pas sur elle. A cette garantie accordée par les puissances, il juge prudent et utile d'en superposer une autre. Et ce supplément de sécurité, il se le procure à lui-même en plaçant son indépendance sous la protection d'une excellente armée, parfaitement adaptée aux conditions très spéciales de la guerre qu'elle pourrait avoir à soutenir pour la défense du territoire helvétique. Telle est la confiance que le voisinage de trois grands États monarchiques et militaires, — sans compter la France — inspire aux républicains Suisses. Quand on vient leur prêcher le désarmement comme moyen d'ouvrir l'ère de la paix universelle, ces sages sourient dans leur barbe blonde et coulent un regard caressant vers leur bon Martini. Quand c'est le refus du service militaire, la grève des réservistes qu'on prétend importer chez eux, les fils de Guillaume Tell se fâchent et mettent à la porte l'apôtre de la désertion qui leur apparaît comme un fourrier de Gessler[1].

1. Extrait d'un Message par lequel le Conseil fédéral ré-

*
* *

L'autre État républicain est la France. Point de neutralité qui la protège. Envahie naguère, elle porte encore la cicatrice de l'invasion. Dans son territoire mutilé, une large brèche a été savamment pratiquée, couloir propice aux invasions nouvelles. En face de cette brèche, le long de la frontière ouverte, une armée redoutable est rangée, appuyée en arrière sur d'autres armées qui la remplaceront aussitôt, quand d'un bond

prouve les appels à l'indiscipline publiés dans le journal *Le Peuple*, de Genève :

« *Notre armée est une armée nationale et populaire, voulue du peuple et sortant de lui. Mais elle ne peut subsister sans ordre ni discipline. Le peuple suisse sait cela. Il sait que seule une armée animée de cet esprit peut suffire à la grande tâche que la patrie exige d'elle : la sauvegarde de notre indépendance. C'est pour cela que le peuple suisse veut une armée bien disciplinée.... L'armée fédérale ne peut remplir sa mission, c'est-à-dire n'est apte à faire la guerre, que si officiers, sous-officiers et soldats sont pénétrés de la discipline.... Lorsque la discipline est absente, le courage et même la bravoure manquent leur but. La discipline est le ciment qui, seul, préserve une armée de la décomposition.... Les autorités fédérales ont pensé qu'une excitation à la révolte, telle que* Le Peuple *de Genève se l'est permise, ne devrait pas rester impunie et qu'on sacrifierait les intérêts les plus sacrés si l'on permettait d'ébranler de cette manière les fondements de notre armée, indispensables à l'existence et à la sécurité du pays....* » (Cité par M. Émile Bocquillon, I, p. 455.)

elle aura sauté sur sa proie; — et toutes ensemble feront, s'il plaît à Dieu, la curée, — une curée plus copieuse et plus belle même que celle de 1870[1].

Le pays au-dessus duquel est suspendue la

1. « *Il faut remettre les choses en l'état où elles étaient avant François Ier.... Après une nouvelle guerre victorieuse nous prendrons sept départements à la France : le Nord, la Meuse, la Meurthe, les Vosges, la Haute-Saône, le Doubs et le Jura.. ».* Extrait d'une Revue allemande (Neue Kurs) d'octobre 1893. Voir : *l'Alsace-Lorraine devant l'Europe,* par Patiens, chez Ollendorf, 1894. — « *Dans un espace d'années qui sera court, nous devons voir ceci : le drapeau germanique abritera 86 millions d'Allemands et ceux-ci gouverneront un territoire peuplé de 130 millions d'Européens. Sur ce vaste territoire, seuls les Allemands exerceront des droits politiques, seuls ils serviront dans la marine et dans l'armée, seuls ils pourront acquérir la terre. Ils seront alors, comme au moyen âge, un peuple de maîtres, condescendant simplement à ce que les travaux inférieurs soient exécutés par les peuples soumis à leur domination....* » Cité par M. Marcel Prévost (*Petit Temps* du 24 février 1907), d'après *Grossdeutschland und Mitteleuropa um das Jahr 1950,* chez Thormann, Berlin. — « *Un véritable peuple a le droit de créer, avec sa bonne épée, l'espace qui manque à ceux de ses enfants ne pouvant plus vivre sur son territoire.* » Cité par M. Marcel Prévost, d'après *Die Deutsche Politik,* volume publié à Munich en 1900. — « *Le sort de la France dépend actuellement, malgré toutes les ententes et les alliances, uniquement de l'amour de la paix de l'Empereur allemand. Un moment pourrait toutefois venir où cet amour de la paix deviendrait une faute et un crime, et le moment viendra certainement où la partie sera dans la proportion de 80 millions d'Allemands contre 40 millions de Français.* » Cité par le *Temps* du 15 mai 1907, d'après la revue allemande *der Deutsche.*

plus formidable avalanche dont jamais peuple ait été menacé, ne peut compter que sur lui-même pour barrer la route à cette trombe. Ses amis, s'il en a qui soient sûrs, sont ceux-ci trop éloignés, ceux-là trop lents à se mouvoir pour l'aider avec la promptitude qui seule donnerait de l'efficacité à leur assistance. Le gigantesque appareil de guerre dressé contre lui peut être mis soudain en branle par la main d'un souverain sujet à de brusques impulsions qui déconcertent toutes les prévisions. Ce puissant et dangereux souverain est l'héritier d'une race de proie; il se dit pacifique, mais, comme ses ancêtres, ne songe qu'à la guerre et en prépare avec passion les instruments, — lui qui peut, d'un mot, la déchaîner demain! Les sentiments qu'il nourrit pour ses voisins de l'Ouest sont inquiétants dans leur complexité : un jour il est pour ces Welches frivoles tout sourire et tout miel; l'autre, il leur met sous le nez son poing ganté de fer et les offense brutalement.

Ce pays est riche, et sa richesse excite des convoitises. C'est un grand laboratoire d'idées, ayant pour marque spéciale d'être mortelles aux vieux dogmes; c'est le champ d'expériences où un peuple d'esprit agile et entreprenant se plaît

à essayer sur lui-même, avant d'en faire largesse
au monde, des formes politiques et sociales
d'une nouveauté très hardie, qui irritent sourdement prêtres, rois et empereurs, toutes les puissances du passé. Quelqu'un qui n'aimerait pas
ces idées, qui se défierait de ces formes, pourrait être tenté de détruire l'usine laborieuse d'où
sortent tant de produits suspects — s'il la voyait
mal gardée....

Tout cela, l'antimilitariste le sait. Il ne peut
ignorer que la « cité future » qu'aime à bâtir
son rêve perdrait le meilleur de ses ouvriers si
la France venait à disparaître, et que d'un tel
peuple la vie importe non pas seulement à ce
peuple lui-même, mais au progrès général de
l'humanité. Et cet illuminé prétend détourner
les Français de l'accomplissement du devoir mi-

litaire, dont jamais la nécessité ne se manifesta
avec une plus impérieuse évidence ; il crache sur
cette armure que la France refuse de jeter bas
pour lui plaire. Or, cette armure protège non
pas seulement ce que nous aimons, nous, — ba-
gatelles et vieilleries, comme l'honneur national,
dont il ferait aisément bon marché ! — mais le
dépôt des idées dont il attend, lui, la réalisation
de son rêve.... Devant les profondeurs d'incon-

séquence que je découvre en cet homme, je m'arrête et renonce à comprendre.

*
* *

Je me contenterai de noter — cette observation me paraissant d'une importance essentielle — que le moment choisi par la doctrine antimilitariste pour se déchaîner avec fureur contre l'armée est précisément celui où notre armée commence à opérer sur elle-même une réforme profonde qui aura pour effet de la délivrer de certaines tares dont ses meilleurs amis étaient bien obligés de reconnaître et de déplorer l'existence.

Voyez ces jeunes sous-lieutenants et lieutenants, de jour en jour plus conscients de leur devoir d'aînesse envers le soldat et déjà conquis en si grand nombre à l'idée d'exercer sur lui un préceptorat fraternel; — ces capitaines, ces colonels, brisant la barrière d'absurdes préventions réciproques qu'on avait voulu dresser entre militaires et « intellectuels », débattant en d'amicales controverses avec des maîtres de l'Université, à Paris, à Lille, à Lyon, à Nancy, à Clermont-Ferrand, à Toulouse, partout, les plus hautes questions qui intéressent la profession des armes ; — notre corps d'officiers rompant peu à peu avec la tradition du commandement invariablement raide, dédaigneux et hautain, quelquefois même injurieux et brutal — qui reste en honneur dans d'autres armées, — pour se pénétrer chaque jour davantage de l'esprit du mot si profond de Desaix : « *Je battrai l'ennemi tant que je serai aimé de mes hommes* » ; — des sentiments d'estime et de gratitude à l'égard de ses chefs remplaçant de plus en plus dans le cœur du troupier la crainte comme base de l'obéissance et substituant à cette fragile discipline tout extérieure, que la salle de police et la prison imposent, la discipline vraie et solide, fondée sur l'affection, sur la confiance, à laquelle un bon chef peut tout demander ; — les sous-officiers conviés par les officiers eux-mêmes à s'élever à une conception plus haute de l'importance et de la dignité de leur rôle élargi[1] ; — « Biribi » qui disparaît, avec ses « crapaudines », ses « silos », honteuses survivances des âges barbares ; — l'institution des conseils de guerre remaniée, afin que la conscience publique

1. *Le sous-officier dans l'armée moderne*, par le capitaine Victor Duruy. Chapelot, éditeur.

n'ait plus à se soulever d'indignation contre le
scandale de certaines condamnations et de certains acquittements; — des sailes de lecture et
de récréation — modeste, mais efficace antidote
du cabaret et du bouge — installées dans les casernes; — le bien-être matériel et la santé morale
du soldat, objet d'une sollicitude plus vigilante;
— le service militaire moins dur, moins corrupteur; — l'armée enfin travaillant avec une généreuse ardeur à rendre au pays ses enfants meilleurs qu'elle ne les a reçus.

Que signifient ces faits? Ceci, tout simplement : que l'armée convenant à une démocratie
est chez nous en train de se faire. Or, cette
armée, la France — république et démocratie
— hier encore ne la possédait pas. Elle en avait
une autre, épave des naufrages successifs de la
royauté et de l'empire, très brave, très brillante,
— mais qui n'était pas modelée à son image
présente; qui par certains traits, même, différait
d'elle; que son esprit n'animait pas; bref, qui
n'était pas son armée.

Rien ne serait plus injuste que de reprocher à
cette chrysalide la lenteur de sa métamorphose.
Comment donc aurait-elle déjà sa forme parfaite? La monarchie a mis près de deux cents ans

à faire son armée; elle ne l'a eue vraiment que
vers le milieu du xviie siècle et elle s'appliquait
en tâtonnant à cette tâche depuis Charles VII
Que l'on compare à cette allure le train dont
marche présentement la création de l'armée de
la République : on sera obligé de reconnaître
que la transformation qui s'opère sous nos yeux
n'est lente que pour ceux qui ne savent pas regarder.

Rapide ou lente, l'évolution est commencée et
ne s'arrêtera plus. La démocratie française peut
être sûre de posséder, un jour qui n'est pas loin,
ce qui lui manquait : l'instrument militaire ap-
proprié à ses tendances, à sa façon de concevoir
le rôle de l'armée dans la nation, à sa façon
même de concevoir la guerre. Dieu veuille qu'elle
soit assez sage pour comprendre tout le prix de
cet instrument-là, pour l'entretenir avec amour,
luisant, poli et acéré — comme l'acier d'une
bonne lame d'épée qu'on laisse au fourreau, mais
sans permettre à la rouille de l'y mordre!
Moyennant quoi — mais à cette condition seulement, que la démocratie française le sache bien!
— l'épée que la République se forge pourrait, le
jour où nous serions contraints de la tirer,
fournir au monde la surprise d'éclairs dignes de

ceux qui jaillissaient autrefois du vieux glaive de la France.

Si l'armée de la République parvient à réaliser l'union morale intime entre chefs et soldats, elle disposera d'un élément de force compensateur de l'infériorité numérique où la condamne, à l'égard des armées de la prolifique Allemagne, l'insuffisance de notre natalité. Cet élément de force lui appartiendra en propre, aucune autre armée de l'Europe ne le possédera comme elle. Or, les guerres de la Révolution nous enseignent que des armées pourvues de cet élément — qui figurait dans les nôtres au temps des Hoche et des Marceau, des Moreau, des Kléber, des Masséna, des Brune, des Desaix — sont irrésistibles.

Il ne s'agira point là, qu'on veuille bien le remarquer, d'un avantage éphémère comme celui que procure tel perfectionnement dans l'armement : mélinite, poudre sans fumée, canon à tir rapide, sous-marins, dont le secret nous est bientôt dérobé, — mais d'un avantage durable, que les armées d'États monarchiques ne sauraient être tentées de nous disputer, attendu qu'il est le produit de l'application aux choses militaires de principes qui sont les nôtres, et non pas ceux de nos voisins. C'est pour cette raison que — n'en déplaise aux prophètes de malheur — on peut fonder de grandes espérances sur les résultats de ce travail qui tend à souder les uns aux autres d'une façon de plus en plus étroite nos soldats et leurs chefs. Ce commencement de retour aux traditions militaires qui firent la force des admirables armées de la Révolution peut nous mener loin, nous conduire, par exemple — ou plutôt nous ramener — à la conception des plus hauts commandements exercés par de jeunes généraux. Le jour où l'armée française telle que j'aime à me la représenter : nombreuse, mais guérie de l'absurde superstition du nombre, munie de l'armement le plus perfectionné, confiante dans ses chefs, — serait en outre commandée par des brigadiers et des divisionnaires de trente-cinq à quarante ans, je ne sais vraiment pas ce qui lui manquerait pour vaincre.

Et ma conclusion sera qu'un sentiment de profonde gratitude convient seul à l'égard de cette armée nouvelle qui est en train de se créer, non sans difficulté ni sans peine, sous nos yeux — indifférents pour la plupart ou même aveugles à l'importance de la tâche entreprise, comme à la grandeur de l'effort déjà fourni et du progrès réalisé. La volonté qu'elle a de s'adapter résolument aux exigences d'un état social, que naguère encore elle semblait à peu près ignorer, implique de sa part la renonciation à d'antiques traditions qui ne pouvaient pas ne pas lui sembler respectables, puisqu'elles étaient respectées depuis des siècles par ses devancières. Le sacrifice qu'elle en fait n'est pas d'un prix médiocre et prouve qu'il n'est aucune forme de dévouement à la France dont ne soit capable cette armée, qui se régénère ainsi parce qu'elle comprend la nécessité d'être en communion plus intime avec la nation.

Que ce soit à l'heure même où le militarisme agonise que les antimilitaristes jugent à propos de dénoncer à la haine et au mépris du pays une armée qui précisément se libère de ce legs du passé : c'est de la part des disciples de M. Gustave Hervé une injustice odieuse, doublée d'une sottise, dont certains instituteurs de France rougiront, je veux l'espérer, de se rendre plus longtemps coupables en compagnie de ces dangereux hallucinés.

LETTRE A M. HENRI DE NOUSSANNE

Paris, 9 avril 1907.

Monsieur,

Vous m'avez fait l'honneur de m'adresser, dans *l'Écho de Paris*, une « lettre ouverte » à propos de la préface dans laquelle j'ai essayé d'attirer, après M. René Goblet, l'attention du public sur le péril national signalé avec tant de vaillance par M. Émile Bocquillon dans ses deux excellents ouvrages : *La Crise du Patriotisme à l'École* et *Pour la Patrie*.

Vous regrettez que je n'aie pas demandé aux pouvoirs publics de prendre des mesures énergiques pour conjurer ce péril.

En écrivant cette préface, il y a deux mois, je disais : « *Entre l'instituteur et le pays, il existe un contrat. Ce contrat est violé par le premier, si, de ce droit d'enseigner au nom de la communauté, qu'un privilège spécial lui confère, il use pour enseigner des doctrines qui sont la négation de la pa-*

5

*trie. Cette patrie l'emploie et le salarie pour être
servie par lui, non pas pour être desservie, reniée,
outragée. Libre à l'instituteur d'être pacifiste, antimilitariste, antipatriote, — mais non pas à l'école!
S'il veut l'être, qu'il la quitte.... »*

Aujourd'hui, j'ajouterais volontiers : « *Et s'il
ne veut pas la quitter, qu'on l'en chasse!* »

L'esprit qui anime certains instituteurs s'est,
en effet, manifesté, depuis qu'ont été écrites les
lignes que je viens de reproduire, avec une arro-
gance tellement intolérable, qu'il n'y a plus de
ménagements à garder avec ces insurgés. En-
couragés par une longue et scandaleuse impu-
nité, ce n'est plus la patrie seule qu'ils travail-
lent à détruire, c'est aux pouvoirs publics qu'ils
osent adresser d'insolentes sommations, c'est
aux lois qu'ils s'attaquent audacieusement, c'est
la République elle-même, — la République qui
les a comblés! — que ces ingrats et que ces
fous renient, comme ils ont renié la France.
Les politiciens qui, depuis trente ans, travail-
lent à pervertir et à corrompre des hommes qui,
sans eux, seraient probablement restés de bons
et utiles serviteurs du pays, peuvent être fiers
de leur œuvre! Le grain qu'ils ont semé lève et
la moisson promet!

Ah ! monsieur, quelle douleur de voir un pays comme le nôtre, épris d'ordre, de travail, de liberté vraie, glisser — de par la lâcheté des uns et la violence forcenée des autres — à l'anarchie, et comme il nous manque, le grand citoyen qui, dans l'intérêt même de cette République qu'il avait si bien servie, n'hésitait pas à tenir tête aux « *esclaves ivres* » de son temps[1] ! Tenir tête à quelqu'un ou à quelque chose, est-ce que cela se sait encore en France à cette heure? Les esclaves ivres, ô dérision! on se défend contre eux en leur versant à boire ! Et cela durera, j'en ai bien peur, jusqu'au jour, qui n'est pas loin peut-être, où l'audace croissante des forcenés auxquels on la laisse en proie — Confédération générale du Travail, syndicats révolutionnaires, entrepreneurs de la grève générale, apôtres de l'action directe et du « sabotage », etc. — aura courbé la France sous le joug d'une abjecte et bestiale tyrannie syndicaliste[2]. A moins que l'instinct de la conservation ne s'éveille tout à coup dans ce peuple qu'on mo-

---

1. Gambetta, Discours du 16 août 1881, à Charonne.

2. A ceux de mes lecteurs qui jugeront peut-être que ces épithètes manquent de mesure, je conseille de lire dans la *Revue de Métaphysique et de Morale* une étude de M. Félicien Challaye sur le *Syndicalisme révolutionnaire*, analysée dans

leste, qu'on trouble, qu'on ruine. Auquel cas, il pourrait se faire que de la conscience nationale sortît soudain, avec la force irrésistible d'un raz de marée, une de ces lames de fond, comme notre histoire en connaît quelques-unes, qui emportent tout. Et ceux qui par leur couardise en face des éléments de désordre auront exposé la République au choc de cette lame, n'auront pas alors assez de larmes pour pleurer sur le cataclysme qu'ils auront déchaîné.

Recevez, etc.

GEORGE DURUY

le *Temps* du 7 avril 1907. Voici, très impartialement exposée par M. Challaye, avec des citations empruntées aux principaux théoriciens du parti, l'essence même de la doctrine :

Une seule méthode : la violence. Inutile de s'attarder à des lois sociales. Elles ne sauraient convenir à « *résoudre des questions de force que, seule, la force peut résoudre utilement* ». — La tyrannie syndicale est légitime : les « *conscients* » ont le droit de faire la loi aux « *inconscients* ». — L'ouvrier n'a pas de patrie : sa patrie, « *c'est son ventre et celui de sa famille* ». — L'armée ne sert à rien. C'est simplement un instrument de défense mis « *au service des bourgeois dirigeants par les bourgeois dirigeants* ». Donc, active propagande à la caserne. Rappeler sans cesse aux soldats que leurs balles en cas de mobilisation, « *sont pour leurs propres généraux* », comme il est dit dans l'*Internationale*, etc.

DISCOURS

PRONONCÉ A LA DISTRIBUTION DES PRIX
DU COLLÈGE VICTOR DURUY, A BAGNÈRES-DE-BIGORRE,
LE 28 JUILLET 1904

Mesdames, Messieurs.

Il me semble qu'après le beau discours que
nous venons d'entendre[1], je n'aurais, comme président de la distribution des Prix du Collège de
Bagnères — puisque la bienveillance de M. le
Recteur de l'Académie de Toulouse m'a honoré
de cette magistrature éphémère — rien de mieux
à faire que d'inviter M. le Surveillant Général à
nous donner lecture du palmarès et de vous of-
frir après cela, mes jeunes amis, cette jolie clé
qu'on nomme la clé des champs. Moyennant quoi,
je vous paraîtrais sans doute un président accompli.

1. M. Lacoste, professeur d'histoire au Collège de Bagnères, chargé du discours d'usage, avait exposé l'œuvre de
Victor Duruy et tracé l'historique de l'ancien Collège.

Et pourtant, c'est avec le noir dessein de vous faire encore un discours que je me lève. Comment pourrais-je oublier, en un pareil jour, les liens très anciens et très forts qui m'unissent à votre cité ? Chérir cette ville charmante est une tradition de famille qu'Achille Jubinal m'a léguée et que j'espère bien transmettre à ses petits-enfants. J'aimais Bagnères, longtemps avant de savoir quel titre inattendu — et infiniment précieux pour moi — il lui plairait de se créer un jour à ma reconnaissance[1]. Tout cela fait, mes amis, que je ne sais plus, en vérité, si c'est à un usage que je me conforme, ou à un besoin de mon cœur que je cède, en prenant la parole à mon tour. L'importance de la cérémonie d'aujourd'hui, son caractère double de distribution de Prix et d'inauguration, me serviront, je l'espère, d'excuse à vos yeux si je ne me contente pas d'un bref : *Ite, missa est !* Il n'est pas aisé d'être bref, quand on parle de ce qu'on aime....

1. En vertu d'une délibération du Conseil Municipal, le nom de *Victor Duruy* a été donné en 1904 au nouveau Collège de Bagnères-de-Bigorre.

I

Un de nos vieux chroniqueurs dit que dans les années qui suivirent la grande terreur de l'An Mil, le sol de notre France se couvrit de « la blanche parure des églises ». Surpris et heureux de vivre encore après l'échéance du jour redouté, nos pères lointains du Moyen Age faisaient ainsi monter vers le ciel, en ogives fleuries, jointes comme des mains dans la prière, leur reconnaissance et l'allégresse de leur piété naïve.

Une autre moisson lève aujourd'hui sur notre vieille terre de France : la moisson des écoles. C'est encore un acte de foi qui la fait surgir. L'article le plus essentiel du *Credo* de notre temps est peut-être l'affirmation de cette idée : que tout membre de la communauté nationale apporte en naissant le droit de recevoir au moins sa parcelle du trésor collectif de la Science.

Autant que la justice, c'est l'intérêt de cette communauté qui l'exige. De quel profit inestimable la France n'eût-elle pas été privée, si de souveraines intelligences comme celles d'un Claude Bernard, d'un Pasteur, d'un Berthelot, d'un Victor Hugo, d'un Taine ou d'un Renan étaient restées incultes? C'est pourquoi la maison où l'on apprend n'est pas moins respectable à nos yeux que la maison où l'on prie. L'École — prenez ce mot dans son sens le plus large et entendez que je parle, en l'employant, aussi bien du collège, du lycée, de l'université, que de la modeste et utile maison où enseigne l'instituteur — l'École, dis-je, est l'officine, toute-puissante pour le bien ou le mal, où s'élaborent obscurément les destinées de la Patrie. La France de demain, cette inquiétante France dont la figure flotte encore, incertaine et confuse, dans les brumes de l'avenir, c'est vous, enfants, qui la ferez — et vous la ferez telle que nous, vos éducateurs, nous vous aurons faits vous-mêmes. Et si je salue avec une émotion joyeuse ce beau Collège que la ville de Bagnères à son tour vient d'avoir l'heureuse inspiration de se donner, ce n'est pas seulement parce que j'ai des raisons personnelles et très fortes de m'intéresser à cet établissement : c'est aussi, c'est surtout parce que je pense à l'essaim des jeunes intelligences qui vont voler vers cette ruche, et qui, la trouvant disposée à souhait, baignée d'air pur et de lumière, se nourriront avec plus d'allégresse, partant avec plus de profit pour elles-mêmes et pour le pays, de tout ce miel du savoir humain que, sous la direction d'un chef tel que notre cher Principal, des maîtres excellents leur y offriront libéralement.

II

Abeilles de cette ruche, jeunes élèves qui dans deux mois prendrez possession de votre nouveau Collège, apprenez dès aujourd'hui à aimer la riante maison d'étude dressée pour vous entre le gave et la montagne, dans la saine fraîcheur des prairies toujours vertes de votre douce Bigorre.

Il est, ce Collège, quelque chose de très original — j'allais dire quelque chose d'à peu près unique en France. La nature n'y est point traitée en ennemie, pas même en suspecte. Elle y a droit de cité ; elle y sera pensionnaire avec vous ; ou plutôt, par mille secrètes influences qu'elle sait mettre en jeu quand on veut bien ne pas faire la sottise de l'écarter comme une intruse — cette bonne mère participera silencieusement à l'œuvre bienfaisante accomplie sur vous par vos maîtres :

Car les champs et les bois, du sage seul compris,
Font l'éducation de tous les grands esprits[1].

L'intelligente administration municipale qui, secondée par un très habile architecte, a doté notre cher Bagnères de ce joyau, n'a pas — et je me permets de l'en féliciter — reculé d'horreur à l'idée que le murmure familier de l'Adour, bavard incorrigible, se mêlerait de façon peut-être indiscrète à la récitation de vos leçons, et, qu'à l'heure des devoirs, le Bédat et le Monné, visibles de partout, inviteraient quelquefois vos pensées à quitter la page — l'affreuse page qu'il faut noircir ! — pour s'en aller vagabonder sur leurs pentes ombreuses, fleuries, selon la saison, de tulipans d'un jaune d'or, d'églantines, d'œillets sauvages ou de roses bruyères. Mettre nos enfants, non pas dans un de ces grands bâtiments lugubres, participant à la fois de la caserne et de la prison, où ni le rayon de soleil, ni l'oiseau, ni la brise n'oseraient se risquer, mais en pleins champs, dans une maison gaie, claire, pourvue de cours où l'air et la lumière jouent librement

1. Victor Hugo.

comme eux : voilà, Messieurs, qui constitue encore, en l'an de grâce 1904, un acte de très grande audace.

La raison en est que nous portons sur nos épaules, en matière d'éducation comme en d'autres, le poids du passé, sans parvenir à nous libérer de celles des parties de cet héritage auxquelles il faudrait renoncer.

A Dieu ne plaise que je le rejette tout entier ! J'aime trop mon pays pour ne l'aimer que d'hier — ou pour ajourner à demain le moment où il me paraîtra digne enfin d'être aimé. Je l'aime de toujours. Je l'aime tel qu'il fut. Je l'aimerai encore tel qu'il sera, si je suis encore là pour contempler dans quelque vingt ans les effets des forces invisibles et irrésistibles qui détruisent lentement l'ancien idéal d'un peuple et préparent à notre insu la mystérieuse éclosion du nouveau. Ne me demandez donc ni haine ni mépris pour celles des conceptions de nos aïeux qui diffèrent des nôtres. Ne me demandez pas non plus de culte superstitieux pour elles. Je traite sans colère, mais je traite en choses mortes tout ce qui, dans le legs du passé, a perdu le droit à la vie. Or, tel est précisément le cas des idées de nos pères sur l'éducation.

III

Savez-vous, mes chers jeunes amis, ce qu'était un collège il y a moins de quatre siècles, au temps du roi François Ier? Je vais essayer de vous l'apprendre.

En ce temps-là, l'Église est encore l'unique dispensatrice du savoir, comme au Moyen Age. Nous lui devons une grande reconnaissance pour le service qu'elle a rendu en conservant, en entretenant tant bien que mal pendant de longs siècles, après la chute de l'Empire romain, le peu qui restait alors du foyer de la civilisation grecque et latine : pauvre petite flamme sacrée, que menaçaient d'éteindre les grands souffles de barbarie déchaînés sur le monde avec les invasions.

Éducatrice universelle, l'Église a répudié le sage et fondamental précepte dont l'application avait formé ces admirables citoyens des républiques antiques. Rome, après la Grèce, avait professé que la santé du corps est la condition de la santé de l'esprit: *mens sana in corpore sano.* L'Église ne pouvait guère s'inspirer d'une semblable doctrine. L'équivalence du corps et de l'esprit, affirmée par la maxime latine, indignait son ardent idéalisme. Le corps, à ses yeux, c'est la vile matière, c'est la chair; la chair, c'est l'éternelle tentatrice qui conspire la perdition de l'âme, c'est la mère féconde du péché; l'Église, donc, qui a juré guerre à mort au péché, traite logiquement le corps en ennemi, et s'ingénie à lui prouver sa défiance et sa haine.

*
* *

Sa pédagogie est fondée sur la crainte. « *Les enfants sont méchants et incorrigibles*, disait au xie siècle un abbé à saint Anselme. *Jour et nuit nous ne cessons de les frapper et ils empirent toujours!* » Étrange aveu, dans la bouche d'un prêtre, d'un homme dont le Maître avait prononcé la douce parole : « *Laissez venir à moi les petits enfants!* »

La discipline à laquelle on soumet alors le petit monde turbulent et joyeux des écoliers, c'est un instrument de supplice, c'est le fouet qui est chargé d'en inspirer le respect. Vainement le bon saint Anselme et, après lui, un illustre docteur de l'Église de France au xve siècle, Gerson, protestent contre cette pratique barbare : le fouet demeure, le fouet règne, et la seule différence entre celui qu'on employait au temps de saint Anselme et celui du xve siècle, est que le second dépasse en longueur le premier. Le fouet était, vous le voyez, du petit nombre de ces institutions heureuses qui grandissent dans l'estime de ceux au bonheur de qui elles sont destinées.

Et malheur au maître qui se refuse à croire que la brutalité du tortionnaire figure au nombre des mérites requis pour être un bon éducateur ! On lui fait payer cher le tort de se montrer réfractaire au dogme de l'efficacité pédagogique d'une bonne lanière effilée, appliquée où il faut : je vous laisse, mes amis, le soin de préciser l'endroit. Nous possédons encore un rapport concernant un certain Lejeune, professeur à Genève, dans lequel ce brave homme est signalé comme coupable de ne point fouetter suffisamment ses élèves. Je crois être l'interprète des sentiments, au moins de la partie enfantine de mon auditoire, en adressant à l'âme sensible de Lejeune les plus chaleureuses félicitations des élèves du Collège de Bagnères !

Et ne croyez pas que cet usage du fouet soit

accidentel ou local. C'est la règle ; une règle que beaucoup de gens à tempérament conservateur ont dû, n'en doutez pas, regarder à cette époque comme intangible et sacro-sainte. Écoutez le grand Rabelais parlant du collège de Montaigu où il a fait ses études, et qui était l'un des plus célèbres de la ville de Paris : « *Mieux sont traités les forçats parmi les Maures et Tartares, les meurtriers en la prison criminelle, voire, certes, les chiens en votre maison, que ne sont les écoliers audit collège.* » — Élève, en 1539, du collège de Guyenne, à Bordeaux, qui passait, nous dit-il expressément, pour « *le meilleur de France* », Montaigne n'hésite pas à porter sur les collèges de son temps un jugement plus sévère encore que celui de Rabelais : « *Ce sont vraies geôles de jeunesse captive. Vous n'entendez que cris et d'enfants suppliciés et de maîtres enivrés en leur colère... Au lieu de convier les enfants aux Lettrés, on ne leur présente qu'horreur et cruauté...* » Montaigne ajoute même à cette peinture accusatrice un trait dont la précision rend inoubliable son témoignage. Les maîtres, nous dit-il, « *enseignent d'une trogne effroyable, les mains armées de fouets* ». Successeurs de ces « régents » redoutables, nous avons abandonné les fouets, sans regret, n'en doutez pas ! Les « *trognes effroyables* » que Montaigne attribue à nos collègues du xvie siècle, ont-elles disparu, de même que les fouets ? Laissez-moi, mes chers amis, me flatter, comme professeur, de cette espérance réconfortante !

*
* *

Dans ces « *collèges de pouillerie* », comme dit encore Rabelais — mot dont la suggestive concision me dispensera d'entrer en de plus longs détails sur la part qui pouvait être faite dans ces maisons à la propreté et à l'hygiène — dans ces collèges, sont entassés des jeunes gens auxquels une attitude humble est imposée quand ils parlent à leurs maîtres.

C'est assis par terre, dans la poussière et la saleté, qu'ils écoutent les leçons. L'hiver, on donne à ce bétail un peu de litière et largesse de quelques bottes de paille leur est faite pour s'asseoir.

Chose à peine croyable, c'est seulement au xve siècle que les bancs, de modestes bancs de bois, firent leur apparition. Mais les austères gardiens des vieux usages veillaient, — ils veillent toujours, c'est leur fonction propre de veiller ! — et S. E. le Cardinal d'**Estouteville**, chargé d'une réforme de l'Université de **Paris**, jugea à propos de supprimer, en 1452, ce luxe corrupteur, « *afin*, déclara ce prince de l'Église en une belle phrase latine, *d'écarter du cœur des jeunes gens toute tentation d'orgueil.* »

Était-ce aussi pour leur enseigner l'humilité?... Certains écoliers servent à table pendant les repas leurs maîtres qui, en retour, distribuent à ces écuyers tranchants leurs vieux habits et leurs vieilles chaussures.

Je ne demande pas, croyez-le bien, le rétablissement de l'usage aboli de ces munificences ! Mais ces mêmes maîtres, dont la défroque passait sur les épaules de leurs élèves, ne dédaignaient pas de jouer avec eux : ce qui me paraît indiquer dans les relations alors existantes entre les uns et les autres, quelque chose de familial dont nous n'aurions pas dû laisser se perdre un peu la tradition — soigneusement conservée dans des maisons qui ne sont pas les nôtres.

Ce même caractère familial apparaît encore dans d'autres traits propres à la vie de collège du xvie siècle. Des écoliers pauvres, afin de gagner quelque argent, balayent, ramassent les ordures, se mettent au service d'un camarade

6

riche, d'un professeur, d'un collège même, — et
nul ne s'en étonne, car on est en famille. En 1557,
les importantes fonctions de cuisinier étaient
remplies, au collège d'Autun, par un élève.
L'histoire ne dit pas si cet écolier fort en sauces
faisait danser l'anse du panier : antique et respectable usage qui, n'en doutez pas, existait déjà
de son temps.

IV

Le principal, si ce n'est même le seul mérite
du discours d'un président de distribution de
Prix est de finir — et je n'en finirais pas, mes amis,
s'il me fallait, après avoir exposé la vie des écoliers dans nos maisons d'éducation, il y a trois
siècles, vous parler avec quelque détail de l'enseignement qui leur y était administré.

Cet enseignement — *la scolastique* — régnait
encore en maître incontesté au temps où fut
fondé votre ancien Collège, c'est-à-dire vers 1544.
Pauvre ancien Collège! Voilà qu'un remords me
vient de ne vous avoir parlé que de son jeune et
pimpant successeur. Les vieux serviteurs ont
droit à une bonne parole d'adieu quand on est

obligé de se séparer d'eux. Je vous propose de lui accorder cette aumône. Remercions-le donc, ne fût-ce que d'avoir prêté à plusieurs générations de vos devanciers l'ombre fraîche — qui vous manquera peut-être, certains après-midi d'été, — de ses platanes centenaires.... Je ne trouve guère, en vérité, d'autre raison pour vous de le regretter en le quittant. Mais aussi, pourquoi était-il humide, noir et délabré? Pourquoi sa lamentable, sa croulante vétusté avait-elle le tort de vous imposer l'obligation de vivre dans un décor de mélancolie où j'estime que c'est chose contre nature d'enfermer la jeunesse? Pourquoi n'avait-il pas même ce je ne sais quoi d'hospitalier, cette bonne grâce, ce pâle sourire qu'ont quelquefois les vieilles choses comme les vieilles gens? — Je le sais, mes amis; et je vais vous le dire. C'est que votre ancien Collège était hanté; c'est qu'une âme sombre et triste y revenait, glissait le long de ses vieux murs rongés par le salpêtre. Et cette âme morose dont il était imprégné, à laquelle il devait son aspect maussade, c'était l'âme même de cette *scolastique* à laquelle il avait pendant si longtemps donné asile, et dont il me reste à vous dire au moins quelques mots.

* *

La journée de travail commençant pour les écoliers à 4 heures du matin et finisssant à 8 en hiver, à 9 en été, — ce qui ne paraissait pas encore suffisant à tout le monde [1] ; trois exercices religieux par jour, messe, vêpres et complies, mais ni leçons de choses, ni langues vivantes, ni musique, ni arts manuels, ni exercices physiques ; le commentaire servile d'un texte d'Aristote — texte presque aussi sacré que la Bible ! — remplaçant l'observation libre et directe de la nature ; toute curiosité d'esprit, toute recherche personnelle et indépendante interdites ; les intelligences figées dans la contemplation et l'étude stériles d'un credo scientifique immuable et vieux de dix-sept cents ans ; une subtilité sophistique développée aux dépens du bon sens par des exercices de dialectique d'une ingénieuse niaiserie : tels étaient les traits essentiels de l'enseignement scolastique. C'est

1. « *Je crains bien*, écrivait Théodore de Bèze au père d'un de ses élèves, *qu'il ne sorte jamais rien de bon de votre fils, car, malgré mes prières, il ne veut pas travailler plus de quatorze heures par jour.* »

ainsi, mes amis, que l'œuvre de l'éducation était comprise et pratiquée jadis ; c'est à un pareil régime qu'étaient soumis de jeunes Français dont une dizaine de générations à peine vous séparent.

A ceux de nos contemporains qui nient le progrès — le nier est la consolation des gens qui n'osent pas avouer qu'ils le haïssent — demandez, je vous prie, de comparer cette pédagogie brutale et stupide avec nos présentes méthodes d'enseignement. Tout n'y est pas parfait, sans doute. Mais elles révèlent au moins le souci de la dignité humaine, l'intelligente déférence aux lois qui régissent le fonctionnement des jeunes cerveaux, la compréhension et le respect du dualisme essentiel qui est dans l'homme, corps et esprit à la fois : toutes choses que méconnaissait outrageusement l'ancien système d'éducation. Si les panégyristes obstinés du temps qui n'est plus sont gens de bonne foi, ils devront convenir que — en matière d'éducation tout au moins — ce présent qu'ils se plaisent à décrier vaut infiniment mieux que leur cher passé.

V

Dans le beau Collège que nous inaugurons aujourd'hui, rien ne vous rappellera ces affreuses « *geôles de jeunesse captive* » que je vous décrivais tout à l'heure. Doucement, librement, comme les fleurs des champs vos voisines, qu'aucune dure contrainte ne force à ouvrir leurs corolles, vos intelligences s'épanouiront, dans la joie, à la noble vie de l'esprit. Vous sentirez quelque chose de très doux et de très tendre flotter autour de vous : cet effluve, mêlé aux parfums épars de votre vallée natale, c'est, mes amis, laissez-moi vous l'apprendre, l'amour de votre ville, l'amour de votre patrie qui vous enveloppera, vous couvera maternellement, parce que vous êtes cette chose énigmatique mais charmante, la jeunesse, dans laquelle se lève l'aube de l'avenir — cet avenir que nos yeux voudraient au moins entrevoir avant de se fermer, et dont ils cherchent anxieusement les premières lueurs dans les vôtres.

Au-dessus de la porte de cette maison qui est la vôtre, un nom est inscrit en grandes lettres d'or. Une pudeur, que vous comprendrez, m'empêche de laisser trop paraître devant vous les sentiments que m'inspire le souvenir infiniment cher de celui qui le porta. Je me contenterai de vous dire que ce nom — auquel vient d'être rendu un hommage dont je suis profondément touché — est celui d'un bon serviteur de la France et de la démocratie, qui travailla beaucoup pour elles.

Quand vos regards se poseront sur les lettres — reluisantes à votre clair soleil pyrénéen — du nom dont je parle, je souhaite, mes amis, qu'il vous apparaisse entouré comme d'un nimbe par ces trois mots : Science, Liberté, Patrie. Je ne vous interdis pas d'y ajouter celui d'Humanité : à la condition toutefois que l'amour de l'Humanité laisse intact et robuste en vous l'instinct profond, l'instinct salutaire qui vous ordonne impérieusement d'aimer par-dessus tout la France, et qui ne vous trompe pas en vous disant que c'est là le plus sacré de vos devoirs.

Science, Liberté, Patrie : telle fut la trinité auguste à laquelle ce bon citoyen avait voué sa vie, la devise à laquelle il resta immuablement fidèle. Et puisque la ville de Bagnères a fait à son nom l'honneur de l'inscrire sur la façade de votre nouveau Collège, à vous, mes amis, je

demande de graver dans vos cœurs, si profondément que rien ne puisse l'en effacer jamais, la
devise de Victor Duruy.

Munis de ce viatique, vous pourrez affronter
cette chose obscure et redoutable qu'est l'existence humaine, avec de suffisantes raisons de
vivre, par conséquent d'agir. Au milieu des
ténèbres où errent misérablement ceux que rien
n'aide, ici-bas, à marcher vers un but, prenez
pour directrices les grandes idées que renfer-
ment ces trois mots : et soudain trois phares
lumineux éclaireront votre route.

TABLE DES MATIÈRES

Pages

I. Lettre à M. Émile Bocquillon. 5

II. École et Patrie :

    I. L'Histoire de France à l'école primaire il y a
    vingt ans. — II. L'Histoire de France à l'école
    primaire aujourd'hui. — III. Le contrat entre
    l'instituteur et le pays. — IV. L'humanité et
    la patrie. — V. Le pacifisme et la guerre. —
    VI. L'antimilitarisme et l'armée. 13

III. Lettre à M. Henri de Noussanne 65

IV. Discours prononcé à la distrib tion des Prix du
    Collège Victor Duruy, à Bagnères-de-Bigorre, le
    28 juillet 1904. 69

Librairie HACHETTE et C¹ᵉ, 79, boul. St-Germain, à Paris

Nouvelle Publication

ERNEST LAVISSE

HISTOIRE
DE FRANCE

DEPUIS LES ORIGINES JUSQU'A LA RÉVOLUTION

PUBLIÉE AVEC LA COLLABORATION DE

MM. BAYET, BLOCH, CARRÉ, COVILLE,
KLEINCLAUSZ, LANGLOIS, LEMONNIER, LUCHAIRE,
MARIÉJOL, PETIT-DUTAILLIS, PFISTER,
REBELLIAU, SAGNAC, VIDAL DE LA BLACHE

Dix-huit volumes grand in-8, brochés, de 400 pages

CONDITIONS ET MODE DE LA PUBLICATION

L'*Histoire de France* comprendra 18 volumes de 400 pages grand
in-8.
Chaque volume broché . . . . 8 fr.
—   —   relié . . . . 10 fr.
L'ouvrage complet sera publié en 72 fascicules d'environ 96 pages
chacun, chaque fascicule . . . . 1 fr. 50
Il paraît un ou deux fascicules par mois, sauf pendant les mois de
vacances.

A NOS LECTEURS

DEPUIS qu'ont été écrites les dernières grandes Histoires de France, depuis Henri Martin et Michelet, sur nos provinces et sur nos villes, sur les règnes et les institutions, sur les personnes et sur les événements, un immense travail a été accompli.

Le moment était venu d'établir le résumé de ce demi-siècle d'études et de coordonner dans une œuvre d'ensemble les résultats de cette incomparable enquête.

Une pareille tâche ne pouvait être entreprise que sous la direction d'un historien qui fût en même temps un lettré. Nous nous sommes adressés à M. E. Lavisse, qui a choisi ses collaborateurs parmi les maîtres de nos jeunes Universités.

D'accord sur les principes d'une même méthode, ils ont décrit les transformations politiques et sociales de la France, l'évolution des mœurs et des idées et les relations de notre peuple avec l'étranger, en s'attachant aux grands faits de conséquence longue et aux personnages dont l'action a été considérable et persistante.

Ils n'ont eu ni passions ni préjugés.
Le temps n'est pas encore lointain où l'histoire de l'ancienne France était un sujet de polémique entre les amis et les ennemis de la Révolution.
A présent tous les hommes libres d'esprit pensent qu'il est puéril de reprocher aux ancêtres d'avoir cru à des idées et de s'être passionnés pour des sentiments qui ne sont pas les nôtres. L'historien, sachant que, de tout temps, les hommes ont cherché de leur mieux les meilleures conditions de vie, essaie de ne les pas juger d'un esprit préconçu.

Pourtant l'historien n'est pas — il n'est pas d'ailleurs souhaitable qu'il soit — un être impersonnel, émancipé de toute influence, sans date et sans patrie. L'esprit de son temps et de son pays est en lui ; il a soin de décrire aussi exactement que possible la vie de nos ancêtres comme ils l'ont vécue ; mais à mesure qu'il se rapproche de nos jours il s'intéresse de préférence aux questions qui préoccupent ses contemporains.

S'il étudie le règne de Louis XIV, il s'arrête plus longtemps à l'effort tenté par Colbert pour réformer la société française et faire de la France le grand atelier et le grand marché du monde, qu'à l'histoire diplomatique et militaire de la guerre de Hollande, affaire depuis longtemps close. On ne s'étonnera donc pas si Colbert — et ceci n'est qu'un exemple choisi entre beaucoup — occupe dans notre récit une place plus grande que de Lionne ou Louvois.

Ainsi, à mesure que la vie générale se transforme et que varie l'importance relative des phénomènes historiques, la curiosité de l'historien, emportée par le courant de la civilisation, se déplace et répond à des sentiments nouveaux.

Les éditeurs de l'Histoire de France ont voulu donner à la génération présente la plus sincère image qui puisse lui être offerte de notre passé, glorieux de toutes les gloires, traversé d'heures sombres, parfois désespérées, mais d'où la France toujours est sortie plus forte, en quête de destinées nouvelles et entraînant les peuples vers une civilisation meilleure.

Ils souhaitent avoir réussi.

Table de l'Histoire de France

Les volumes en vente sont précédés d'un astérisque

TOME I.

*I. — *Tableau géographique de la France*, par M. *P. Vidal de La Blache*, professeur à l'Université de Paris.

*II. — *Les origines; la Gaule indépendante et la Gaule romaine*, par M. *G. Bloch*, professeur à l'Université de Lyon, chargé de conférences d'Histoire ancienne à l'École normale supérieure.

TOME II.

*I. — *Le Christianisme, les Barbares. — Mérovingiens et Carolingiens*, par MM. *E. Bayet*, directeur de l'Enseignement supérieur, ancien professeur à l'Université de Lyon, *Pfister*, professeur à l'Université de Nancy, et *Kleinclausz*, chargé de cours à l'Université de Dijon.

*II. — *Les premiers Capétiens (987-1137)*, par M. *A. Luchaire*, de l'Académie des Sciences morales et politiques, professeur à l'Université de Paris.

TOME III.

*I. — *Louis VII, Philippe Auguste et Louis VIII (1137-1226)*, par M. *A. Luchaire*, de l'Académie des Sciences morales et politiques, professeur à l'Université de Paris.

*II. — *Saint Louis, Philippe le Bel, les derniers Capétiens directs (1226-1328)*, par M. *Ch.-V. Langlois*, professeur adjoint à l'Université de Paris.

TOME IV.

*I. — *Les premiers Valois et la Guerre de Cent Ans (1328-1422)*, par M. *A. Coville*, professeur à l'Université de Lyon.

*II. — *Charles VII, Louis XI et les premières années de Charles VIII (1422-1492)* par M. *Ch. Petit-Dutaillis*, professeur à l'Université de Lille.

TOME V.

*I. — *Les guerres d'Italie. — La France sous Charles VIII, Louis XII et François Ier (1492-1547)*, par M. *H. Lemonnier*, professeur à l'Université de Paris.

II. — *La lutte contre la Maison d'Autriche. — La France sous Henri II (1519-1559)*, par M. *H. Lemonnier*.

TOME VI.

*I. — *La Réforme et la Ligue. — L'Édit de Nantes (1559-1598)*, par M. *Mariéjol*, professeur à l'Université de Lyon.

*II. — *Henri IV et Louis XIII (1598-1643)*, par M. *Mariéjol*.

TOME VII.

*I. — *Louis XIV (1643-1685)* (1re partie), par M. *E. Lavisse*, de l'Académie française, professeur à l'Université de Paris.

*II. — *Louis XIV (1643-1685)* (2e partie), par M. *E. Lavisse*.

TOME VIII.

I. — *Louis XIV. La fin du règne (1685-1715)*, par MM. *E. Lavisse*, *A. Rébelliau*, bibliothécaire de l'Institut, et *P. Sagnac*, maître de conférences à l'Université de Lille.

II. — *Louis XV (1715-1774)*, par M. *H. Carré*, professeur à l'Université de Poitiers.

TOME IX.

I. — *Louis XVI (1774-1789)*, par M. *H. Carré*.

II. — *Conclusions*, par M. *E. Lavisse*, et Tables analytiques.

64